Lektürehilfen
Bert Brecht
„Leben des Galilei“

---

von Karl-Heinz Hahnengreß

Ernst Klett Verlag für Wissen und Bildung
Stuttgart · Dresden

Alle Seitenangaben zum Text des Stückes beziehen sich auf die Taschenbuchausgabe:
Bertolt Brecht, Leben des Galilei, edition suhrkamp 1, Frankfurt a. M. 1963

Gedruckt auf Papier, das aus chlorfrei gebleichtem Zellstoff hergestellt wurde.

Die Deutsche Bibliothek – CIP-Einheitsaufnahme

Hahnengreß, Karl-Heinz:
Lektürehilfen Bert Brecht,
„Leben des Galilei“ / von Karl-Heinz Hahnengreß. –
6. Aufl. – Stuttgart; Dresden: Klett, Verlag für Wissen und Bildung, 1993
(Klett-Lektürehilfen)
ISBN 3-12-922311-8

6. Auflage 1993

Satz: Maschinensetzerei Janß, Pfungstadt
Druck: Druck und Verlagshaus Jena. Printed in Germany.
Einbandgestaltung: Hitz und Mahn, Stuttgart
ISBN 3-12-922311-8

Inhalt

Einleitung

Das Werk Bertolt Brechts (1898–1956) hat die Entwicklung des deutschen Dramas nach dem Zweiten Weltkrieg entscheidend geprägt. Die Gründe für die fortdauernde, auch kritische oder gar polemische Auseinandersetzung mit Brecht, die den Autor schon bald in den ungeliebten Rang eines ‚Klassikers' erhoben haben, sind vielfältig.

- Die großen Dramen der mittleren Zeit, die Brecht in seinen Exiljahren (1933–1947) geschrieben hat, sind zweifellos von überragender dichterischer Qualität.
- Wie kaum ein anderer Autor des 20. Jahrhunderts hat Brecht sein literarisches Schaffen theoretisch zu untermauern versucht, gar den Anspruch erhoben, das unserer Zeit – dem ‚wissenschaftlichen Zeitalter' – gemäße Theater entwickelt zu haben.
- Brecht, der seit Anfang der 30er Jahre überzeugter Marxist war, verstand sein eigenes, das ‚epische' Theater, nicht nur als revolutionär im künstlerisch-ästhetischen Sinne, sondern auch als ein Instrument der Aufklärung im Sinne einer revolutionären gesellschaftlichen Praxis.

Diese Verbindung von künstlerischem und politischem Anspruch hat Brecht besonders bei westlichen, ‚bürgerlichen' Theatermachern, -kritikern und Literaturwissenschaftlern oft harsche Kritik eingebracht, die den Stückeschreiber und Dichter gegen den Theatertheoretiker und Ideologen auszuspielen versuchte. Auf den ersten Blick scheint gerade Brechts wohl bedeutendstes Drama, ‚Leben des Galilei', und seine Rezeptionsgeschichte einer solchen Kritik recht zu geben. Brecht hat dem Stück nach seiner Fertigstellung im Herbst 1938 anfangs nur wenig Aufmerksamkeit gewidmet, es sogar als einen großen Rückschritt in formaler Hinsicht bezeichnet (Arbeitsjournal vom 12. 2. 1939). Es ist auch gar nicht zu verkennen, daß es formal weitaus weniger der Brechtschen Konzeption des ‚epischen Theaters' entspricht als etwa das bald darauf entstandene Parabelstück ‚Der gute Mensch von Sezuan'.
Andererseits ist kein anderes Brecht-Stück bis in die 80er Jahre hinein so oft inszeniert und aufgeführt worden. Ein gut Teil seines Publikumsinteresses verdankt es sicher der anhaltenden Aktualität seines Themas. Die Frage nach der gesellschaftlichen Verantwortung des Wissenschaftlers hat in einer Zeit, in der für viele Menschen die bedrohliche Seite des wissenschaftlich-technischen Fortschritts immer mehr zu Tage tritt, eher noch an Brisanz gewonnen. Brechts Drama über den er-

sten Physiker Galileo Galilei könnte dann als Darstellung des Anfangs einer historischen (Fehl-)entwicklung gelesen werden, die ihren bisherigen Endpunkt etwa in der Katastrophe von Tschernobyl gefunden hat.

Dem aufmerksamen Leser wird jedoch nicht entgehen können, daß eine solche vorschnelle Aktualisierung der Bedeutungsvielfalt des Stückes nicht gerecht werden kann. In der Tat haben aktuelle Probleme des technischen Fortschritts für Brecht bei der Niederschrift der ersten Fassung des Stücks nur eine untergeordnete Rolle gespielt.

Bedeutsame Literatur ist nicht bedeutsam aufgrund vordergründiger Aktualität ihres Gegenstandes. Sie ist auch nur selten bedeutsam, weil sie als beispielhafte Verwirklichung eines künstlerischen oder politischen Programms gelten kann. Sie wird es vielmehr dadurch, daß sie durch ihre künstlerische Form einen Beziehungsreichtum ihrer Inhalte eröffnet, der immer wieder zu einer erneuten Auseinandersetzung mit dem Werk herausfordert. Dies gilt auch für Brechts ‚Leben des Galilei' und kann wohl als der tiefere Grund für das anhaltende Interesse an diesem Stück gelten.

‚Leben des Galilei' ist ein literarisches Kunstwerk, für dessen Verständnis ‚Geschichte' bzw. verschiedene Aspekte des Historischen als Leitmotiv dienen können:

- Der Inhalt des Stücks hat einen realgeschichtlichen Hintergrund.
- Der Darstellung der Geschichte im Stück liegt eine materialistische Geschichtstheorie zugrunde.
- Die Struktur des Stücks muß im Zusammenhang mit Brechts Konzeption des epischen Theaters betrachtet werden, in der ‚Historisieren' die zentrale ästhetische Kategorie darstellt.
- Die Aussage des Stücks ist nicht unerheblich durch die Umstände seiner Entstehungsgeschichte geprägt.
- Die Aussage des Stücks ist ebenfalls nicht unerheblich von seiner Wirkungsgeschichte, d. h. seiner Rezeption unter sich wandelnden historisch-politischen Rahmenbedingungen abhängig.

Das folgende Buch verfolgt die Absicht, dem interessierten Leser etwas von der Beziehungs- und Bedeutungsvielfalt des Textes vor Augen zu führen und ihn dadurch zu einer nachdenklichen und kritischen Lektüre des Werks herauszufordern.

Struktur des Stücks

Keine Akteinteilung

Das Stück umfaßt in der Druckfassung 15 Szenen, die in arabischen Ziffern durchnumeriert sind. Es fehlt die bei ‚klassischen' Dramen meist übliche Einteilung in Akte. Man sollte deshalb statt des Begriffs ‚Szene' den Begriff ‚Bild' verwenden.
Jeder Übergang von einem Bild zum folgenden ist bis auf eine Ausnahme (4./5. Bild) mit einem Wechsel des Schauplatzes verbunden; das jeweils folgende Bild hat auch keinen direkten zeitlichen Anschluß an das voraufgegangene. Das Schauspiel zeichnet sich durch eine ungewöhnliche Vielfalt der Handlungsorte aus (Padua, Venedig, Florenz, Rom, Arcetri), und die Handlung des Stücks umfaßt einen Zeitraum von nicht weniger als 28 Jahren.
Eine solche Ausdehnung von Ort und Zeit des dramatischen Geschehens findet sich in der Geschichte der dramatischen Literatur z. B. in den Historienstücken des Elisabethanischen England, etwa in den um 1600 entstandenen Königsdramen William Shakespeares. Bezeichnenderweise klingen denn auch im Titel des Stücks ‚Leben des Galilei' Shakespearesche Dramentitel an (‚Life and Death of King John').

Chronikcharakter des Stücks

Durch seine Raum- und Zeitstruktur und seinen lockeren äußeren Aufbau gewinnt das Stück den Charakter der Chronik, eines historischen Bilderbogens, der geschichtlich verbürgte Ereignisse aus dem Leben des Physikers Galilei zu einer dramatisierten Biographie zusammenfügt. Das Schema auf S. 8 verdeutlicht dies.

Innerer Aufbau des Stücks

Trotz dieser lockeren Reihung der Bilder und fehlender äußerer Gliederung hat das Stück einen komplexen und vielschichtigen inneren Aufbau.

Spannungskurve durch Abfolge der historischen Ereignisse

- Die Chronologie der historischen Ereignisse weist eine Spannungskurve auf, der Brecht in der Komposition der einzelnen Bilder Rechnung trägt: Bild 1–3 schildern die Entstehungsbedingungen des neuen Wissens (1609–10), Bild 4–7 die Entfaltung des neuen Wissens in der Auseinanderset-

Der innere Aufbau des Stücks

I. Entdeckung des konfliktträchtigen neuen Wissens	1. Bild:	Padua 1609, Galilei am Anbruch einer neuen Zeit
	2. Bild:	Venedig 1609, Die Wahrheit über das Fernrohr
	3. Bild:	Padua 1610, Umwälzende astronomische Entdeckungen – Gespräch über die Vernunft des Menschen
II. 1. Phase des Konflikts: Galilei, der tapfere und erfolgreiche Verfechter der Wahrheit	4. Bild:	Florenz, Präsentation der Entdeckungen vor den Gelehrten des Florentiner Hofs
	5. Bild:	Florenz, Die Pest
	6. Bild:	Rom 1616, Das Collegium Romanum bestätigt die Entdeckungen Galileis
	7. Bild:	Rom 1616, Vermahnung Galileis durch die Inquisition
	8. Bild:	Rom 1616, Gespräch über die gesellschaftliche Bedeutung von Glaube und Wissenschaft
III. 2. Phase des Konflikts: Galilei, der Held des Volkes und Verräter der Wahrheit	9. Bild:	Florenz 1624, Erneuter Beginn der astronomischen Forschung
	10. Bild:	1632, Galileis Resonanz beim einfachen Volk
	11. Bild:	Florenz 1633, Galileis Auslieferung an die Inquisition durch den Florentiner Hof
	12. Bild:	Gespräch über die (politische) Vernunft des Volkes; Einleitung des Prozesses gegen Galilei
	13. Bild:	Rom 1633, Galileis Widerruf
IV. Persönliche und gesellschaftliche Folgen des Widerrufs	14. Bild:	Arcetri, nach 1633 Galilei als Gefangener der Inquisition; Reflexionen über die historische Verantwortung des Wissenschaftlers
	15. Bild:	1637, Galileis Wissen überschreitet die Grenze

zung mit den traditionellen Instanzen bis zur Vermahnung Galileis (1611–16), Bild 9–13 die Verschärfung des Konflikts bis zum Widerruf Galileis (1624–33), Bild 14–15 zeigen die Folgen des Widerrufs (1636/37). Dieser gleichsam ‚historische' Aufbau der dramatischen Handlung wird unterstrichen und ergänzt durch ein anderes Gestaltungsmittel.

Spannungsverhältnis von Handlung und Reflexion

- Viele Dialoge des Stücks haben den Charakter des Reflexionsdialogs, der erklärenden Deutung und Bewertung der historisch-gesellschaftlichen Gründe und Folgen der dargestellten Ereignisse. Solche Reflexionsdialoge finden sich vor allen Dingen an den ‚Gelenkstellen' der Dramenhandlung, insbesondere im 3., 8., 12. und 14. Bild. Die Handlung des Stücks gerät so in ein Spannungsverhältnis zu den Gedanken und Einsichten der Bühnenfiguren.

Kompositionsprinzip: Parallele und Kontrast

- Ein drittes wichtiges Strukturprinzip ist das Prinzip von Parallele und Kontrast (Umkehrung) der einzelnen Bilder. Der begeisterten Aufnahme des Fernrohrs als Mittel wirtschaftlichen Profits (2. Bild) steht seine Ablehnung als Mittel wissenschaftlicher Forschung gegenüber (4. Bild); Galilei wird vom einfachen Volk zum revolutionären Helden erkoren (10. Bild), aber von seinen adligen Protektoren an die Kirche ausgeliefert (11. Bild); während im 3. Bild Galilei durch seinen Glauben an die Vernunft der einfachen Menschen dazu verleitet wird, seine Forschungen in Florenz fortzusetzen, veranlassen im 12. Bild die Vorhaltungen des Inquisitors über die Folgen der mit der neuen Wissenschaft entstandenen Vernünftigkeit des Volkes den Papst, Galilei zum Widerruf seiner Lehre zu zwingen. Besonders stark sind, bis in die einzelnen Handlungselemente hinein, das 1. (und 3.) und das 14. Bild verknüpft: In beiden Bildern erhält Andrea eine Lektion, ein Geschenk wird überreicht, dem Morgen des 1. Bildes steht der Abend des 14. Bildes gegenüber.

Funktion der Gestaltungsmittel

Durch den Gegensatz von Dramenhandlung und Reflexionsdialogen und das szenische Bauprinzip von Parallele und Kontrast wird der Zuschauer zu einer kritischen Beurteilung des Geschehens auf der

Szenen-Titel und Epigramme

Bühne herausgefordert. Dies wird verstärkt durch ein anderes Gestaltungsmittel. Brecht stellt jedem Bild eine im Schriftbild deutlich abgesetzte Überschrift, Szenen-Titel, und den meisten Bildern kurze Verse, Epigramme, voran, die vielfach historisch genaue Orts- und Zeitangaben enthalten. Diese Einführungstexte sind keine Regieanweisungen, sondern sollen in die Aufführung des Stücks einbezogen werden. Die Szenen-Titel sollen auf eine Gardine projiziert werden, die den Bühneninnenraum zwischen den einzelnen Bildern verschließt. Die Epigramme sollen, möglichst von Kinderstimmen, gesungen werden. Die Szenen-Titel haben primär informative Funktion. Zum einen stellen sie manchmal den Anschluß der Bilder untereinander her, indem sie zwischen den einzelnen Bildern liegende, nicht auf der Bühne gezeigte Ereignisse erwähnen. Zum anderen jedoch, und dies ist deutlicher ausgeprägt, fassen sie das Geschehen des jeweils folgenden Bildes zusammen. So teilt etwa der Szenen-Titel zum 4. Bild mit, daß die Gelehrtenwelt Florenz', der Galilei sein Fernrohr präsentieren will, seinen Entdeckungen keinen Glauben schenken wird.

Szenen-Titel: Information über das Geschehen des folgenden Bildes

Dieses eher unscheinbare Gestaltungsmittel ist für die Dramaturgie des Stücks ungemein bedeutsam: Der Fortgang der Handlung verliert seine Spannung. Die Aufmerksamkeit des Zuschauers wird auf das ‚Wie' der dargestellten Ereignisse und auf die Darstellung selbst gelenkt.

Epigramme: Kommentierender Charakter

Die Epigramme, die in ihrer Schlichtheit und ihrem naiven Ton oft an Kindergedichte erinnern, nehmen zumeist ebenfalls auf das folgende Bild Bezug. Sie tun dies aber in ganz unterschiedlicher Weise, manchmal in der Art des Chronisten (Bild 9/14), manchmal mit moritatenhaft-belehrenden Zügen (Bild 2/13), dann wieder nur in der indirekten Form sentenzenhafter Verse (Bild 4/11). Die Epigramme gewinnen so meist einen kommentierenden Charakter. Sie provozieren das kritische Urteil des Lesers/Zuschauers dadurch, daß sie seine Aufmerksamkeit auf ganz bestimmte Aspekte des Bühnengeschehens lenken und dieses in Zusammenhänge stellen, die über den Rahmen der Handlung hinausführen.

Handlungsverlauf des Stücks

1. Bild: Galileo Galilei, Lehrer der Mathematik zu Padua, will das neue kopernikanische Weltsystem beweisen

1. Bild: Charakter der Exposition

Der Szenen-Titel provoziert beim Zuschauer Fragen: Wer ist dieser Galileo Galilei? Was hat es mit dem Kopernikanischen Weltsystem auf sich? Warum will Galilei Beweise für dieses System finden? Das Bild erhält so expositorische Züge: Der Zuschauer wird mit dem Charakter der Hauptfigur und den konfliktreichen Grundbedingungen seiner Lebensidee vertraut gemacht.

Struktur des Bildes

Diese Funktion spiegelt sich in der Struktur des Bildes: Das 1. Bild ist ein mehrteiliges Gespräch zwischen dem ‚Lehrer' Galilei und seinem ‚Schüler' Andrea, das scheinbar unterbrochen, in Wahrheit aber ergänzt und vertieft wird durch Galileis Rede über die neue Zeit (S. 8–10) und die Gespräche Galileis mit Ludovico (S. 14/15) und dem Kurator (S. 16–20).

Licht als Metapher der Aufklärung

Die Verse des Epigramms umreißen Ort und Zeit des Bildes näher und lassen etwas von seiner Atmosphäre anklingen. Auffällig ist die Metapher des Lichts; es steht für die Aufklärung, den Aufbruch des Menschen aus geistiger Unmündigkeit und Aberglauben zu vernünftigem, selbstbestimmtem Denken und Handeln. Dem ‚Licht' der Verse des Epigramms entspricht die Morgen- und Aufbruchstimmung des 1. Bildes. (Galileis Rede über die neue Zeit, S. 8–10).

Morgen- und Aufbruchstimmung

Zu Beginn des Bildes sehen wir Galilei bei der Morgentoilette. Andrea, der elfjährige Sohn der Haushälterin, Frau Sarti, bringt das Frühstück. Die fröhliche, von körperlichem Wohlbehagen geprägte Art, mit der Galilei sich wäscht, sich von Andrea den Rücken abtrocknen läßt und dann seine Milch trinkt, steht in auffallendem Gegensatz zu der Ärmlichkeit seiner Studierstube und seinen materiellen Sorgen. Galilei verwandelt sogar die Ermahnungen Frau Sartis über offenstehende Rechnungen des Milch-

Galileis Lebensfreude und materielle Sorgen

manns, die Andrea übermittelt, in ein heiter belehrendes Spiel über Fragen der Elementargeometrie.

Anhand eines Holzmodells des traditionellen Ptolemäischen Weltsystems, das Galilei dem kleinen Andrea zum Geschenk macht, entwickelt sich dann ein beziehungsreiches Lehrgespräch, das mit den Grundlagen des astronomischen Streits vertraut macht.

Galilei als leidenschaftlicher Lehrer

Galilei stellt sich in diesem Lehrgespräch als das genaue Gegenteil des sprichwörtlichen ‚Stubengelehrten' dar. Er lehrt und denkt in einer anschaulichen, geradezu sinnlichen Weise, und er ist leidenschaftlich an der Verbreitung seines Wissens interessiert:

> „Ich will gerade, daß auch du es begreifst. Dazu, daß man es begreift, arbeite ich und kaufe die teuren Bücher, statt den Milchmann zu bezahlen." (S. 11)

Das Gespräch beginnt mit einer genauen Untersuchung des Holzmodells. Andrea beschreibt das Modell (8 Schalen mit einem Stein in der Mitte), und Galilei gibt die Deutung (Planeten in ihren Schalen mit Erde in der Mitte). Die Schlußfolgerung („Das ist schön. Aber wir sind so eingekapselt.") überläßt er seinem Schüler.

Appell an das Denkvermögen des Schülers

Der Lehrer Galilei setzt auf die Denkfähigkeit seines Schülers. In seinem Sinne lernen heißt: Erlernen einer Methode zur vernünftigen Erklärung der Natur.

Galileis Methode des ‚vernünftigen Sehens'

Galileis Methode ist das ‚vernünftige Sehen', d. h. das Zusammenwirken von empirischer Beobachtung und logisch exakter Erklärung, was mehr ist als bloße Wahrnehmung. So kann Galilei dem zuerst dem bloßen Augenschein vertrauenden Andrea sagen „Du siehst! Was siehst du? Du siehst gar nichts. Du glotzt nur. Glotzen ist nicht sehen!" (S. 11) und wenig später zu Frau Sarti „Ich lehre ihn ⟨Andrea⟩ sehen." (S. 12)

Modellhafte Erklärung der Kopernikanischen Lehre und der Gravitation

Durch ein modellhaftes Experiment – er trägt Andrea auf einem Stuhl um den Waschschüsselständer – erläutert Galilei auf anschauliche Weise, daß der Ortswechsel der Sonne auch durch die Bewegung der

Erde erklärt werden kann. Dieses ‚Sehen-Lernen' trägt bei Andrea schon Früchte:

> „Den Stuhl mit mir haben Sie nur seitwärts um sich selber gedreht und nicht so. (Macht eine Armbewegung vornüber) Sonst wäre ich nämlich heruntergefallen, und das ist ein Fakt." (S. 12 f.)

Dieser Einwand ist vernünftig. Er macht deutlich, daß die Kopernikanische Lehre von der Drehung der Erde um die Sonne ohne eine Theorie der Gravitation widersprüchlich, nicht Ausdruck eines ‚vernünftigen Sehens' wäre. So sieht sich der Lehrer nun herausgefordert, mittels eines Apfels, in den er ein Holzscheit steckt, den Grundgedanken der Gravitation zu erläutern.

Galileis Glaube an die neue Zeit

Der fröhlich-optimistische Charakter dieses Wissenserwerbs hat seine Wurzel nicht nur in Galileis sinnlicher Natur und Andreas kindlicher Neugier. Er speist sich nicht weniger aus Galileis Glauben, am Beginn einer neuen Zeit zu stehen.

Rede von der neuen Zeit

Das statische Weltbild des Ptolemäus mit seinen einengenden Kristallschalen hat sich überlebt. Jetzt bewegt sich alles, und die Maxime lautet: „da es so ist, bleibt es nicht so", die Veränderung wird zum einzig Bleibenden. Galileis neue Zeit erscheint somit nicht nur als die Zeit der Entwicklung einer neuen Astronomie; vielmehr ist die neue Astronomie des Kopernikus Ausdruck einer historischen Veränderung von epochaler Bedeutung.

Hymne auf den Fortschritt und materialistische Deutung der Geschichte

Galileis Rede über diese neue Zeit ist zugleich eine Hymne auf die unbegrenzten Möglichkeiten des Menschen und eine materialistische Erklärung des Heraufkommens dieser Zeit. Die Menschen haben ihr Weltbild erweitert und zugleich die Erfahrung der Beherrschbarkeit der Natur gemacht:

> „Auf unseren alten Kontinenten ist ein Gerücht entstanden: es gibt neue Kontinente. Und seit unsere Schiffe zu ihnen fahren, spricht sich auf den lachenden Kontinenten herum: das große gefürchtete Meer ist ein kleines Wasser." (S. 9)

Vernünftiges Wissen statt Glauben an Autoritäten

An die Stelle des Glaubens an Autoritäten und ihr Wissen tritt das vernünftige Wissen der einzelnen Menschen, das sich dem Zweifel an den Autoritäten verdankt. Dieser Zweifel macht aber auch vor den Instanzen der alten Ordnung nicht halt, die Zugluft lüftet „sogar den Fürsten und Prälaten die goldbestickten Röcke". Sie verlieren ihre Einzigartigkeit, so wie die Religion ihren Sinn verliert („Die Himmel, hat es sich herausgestellt, sind leer" S. 10).

Wissenschaftlich-technischer und gesellschaftlicher Fortschritt

Das Wissen der neuen Zeit wird somit zum Mittel der Selbstbefreiung des Menschen sowohl aus den Fesseln der Natur als auch der traditionellen Autoritäten. Wie das Universum keine willkürlichen Grenzen mehr braucht, so kennt auch der Fortschritt der irdischen Dinge keine Schranken mehr.

Frau Sartis Skepsis

Frau Sarti indes, die Galileis Gespräch mit Andrea unterbricht, kann diesen Optimismus nicht teilen. Sie begegnet derlei ‚Schwärmereien' angesichts der drückenden Schulden Galileis mit Sarkasmus: „Hoffentlich können wir auch den Milchmann bezahlen in dieser neuen Zeit, Herr Galilei." (S. 12)

Wissenschaft als gesellschaftliche Konvention

Andreas Unterrichtsstunde wird unterbrochen, als Ludovico Marsili erscheint, ein reicher junger Mann, der Privatstunden wünscht. Ludovico, Erbe einer Gutsbesitzersfamilie aus der Campagna, kommt eben von einer ‚Bildungsreise' aus den Niederlanden zurück. Ihn treibt nicht, wie Andrea, Wissensdurst dazu, Wissenschaft zu treiben; Wissenschaft gehört in seinen Kreisen einfach ‚zum guten Ton':

> „Die Mutter meint, ein wenig Wissenschaft ist nötig. Alle Welt nimmt ihren Wein heutzutage mit Wissenschaft, wissen Sie." (S. 14)

Galilei erfährt vom Fernrohr

Seine wahren Interessen jedoch sind Pferde. Galilei akzeptiert Ludovico als Schüler, auf Kosten des kleinen Andrea, der so sehr viel mehr dem Ideal des neuen, wißbegierigen Menschen entspricht, aber nicht zahlen kann. Beiläufig erfährt Galilei durch Ludovico von einer in Holland gemachten Erfindung, dem Fernrohr und dessen Konstruktionsprinzip. Er wittert eine Chance, mit Hilfe dieses Instruments, das er auf einem Blatt flüchtig skizziert, seine finanzielle Lage zu verbessern und damit nicht länger auf dumme und uninteressierte Schüler angewiesen zu sein. Nur die wieder eingetretene Frau Sarti verhindert, daß er Ludovico sogleich wegschickt.

Dem aufmerksamen Leser entgeht nicht, daß Galileis Verhältnis zu Frau Sarti auch eine mehr persönliche Seite haben muß, denn, unbelauscht von anderen Personen, gehen beide zum vertraulichen Du der Anrede über.

„Galilei Schau mich nicht so an. Ich habe ihn genommen.
Frau Sarti Weil du mich zur rechten Zeit gesehen hast."
(S. 16)

Frau Sarti hat den Kurator der Universität, Priuli, angekündigt, den Galilei, kaum daß er hereingeführt worden ist, um einen halben Skudo bittet, um Andrea zum Brillenmacher zu schicken, der ihm zwei Linsen anfertigen soll.

Gespräch mit dem Kurator: Die wirtschaftliche Seite der Wissenschaft

Das folgende Gespräch mit Priuli – Galilei war um eine Gehaltserhöhung eingekommen – dreht sich um die materielle Seite der Wissenschaft. Priuli kann, so sagt er, das Gesuch Galileis nicht unterstützen, da die Mathematik (aber auch die theoretische Physik) im Gegensatz zu Philosophie und Theologie eine ‚brotlose Kunst' sei. Nach Priulis Auffassung richtet sich der Wert einer Wissenschaft nach den Gesetzen des Marktes:

Wert der Wissenschaft: ihr Verkaufswert?

„Sie können für das Wissen, das Sie verkaufen, nur so viel verlangen, als es dem, der es Ihnen abkauft, einbringt." (S. 18)

Deshalb hatte auch Galileis Proportionalzirkel, eine Art früher Rechenmaschine, Anklang gefunden; mit ihm ließen sich zahlreiche im Geldgeschäft und Militärwesen notwendige Berechnungen einfacher und genauer durchführen. Auch Philosophie und Theologie können laut Priuli ökonomischen Nutzen bringen:

Der Verkaufswert von Philosophie und Theologie

„Die Philosophie zum Beispiel, die Herr Colombe in Florenz verkauft, bringt dem Fürsten 10 000 Skudi im Jahr ein." (S. 18)

Jede Form von Macht und Herrschaft ist offenbar für den ‚Geschäftsmann' Priuli nichts anderes als die Möglichkeit, auf Kosten der Machtlosen und Beherrschten Geschäfte zu machen. Wenn Philosophie und Theologie dazu dienen, die Macht der Mächtigen zu rechtfertigen, vermehren sie indirekt deren Profite.

Relative Freiheit der Forschung in der Republik

Priuli weist aber auch nachdrücklich darauf hin – und der ungeduldige Galilei muß ihm darin widerwillig zustimmen –, daß es bedeutende Unterschiede in der Behandlung der neuen Wissenschaft zwischen der Republik Venedig und den geistlichen und weltlichen Fürstentümern gibt. In der Republik genießt die Wissenschaft relative Freiheit und Schutz vor der geistlichen Gewalt. Ihre Herrschaftsform beruht auf dem materiellen Gewinnstreben freier Bürger, die die Nützlichkeit der neuen Wissenschaft für ihre Zwecke erkannt haben:

> „Unsere Kaufleute, die wissen, was besseres Leinen im Kampf mit der Florentiner Konkurrenz bedeutet, hören mit Interesse Ihren Ruf ‚Bessere Physik!', und wieviel verdankt die Physik dem Schrei nach besseren Webstühlen!" (S. 19)

Kurzsichtigkeit der Kaufleute

Im Grunde lehnt Galilei die Vermarktung seines Wissens auch nicht ab, er beklagt nur das Verlangen nach schnellem Erfolg, das sein persönliches Forschen so sehr behindert. „Ihr verbindet dem Ochsen, der da drischt, das Maul." (S. 20)

Andrea will Physiker werden

Nach dem Weggang Priulis folgt die Fortsetzung des Dialogs mit Andrea. Dieser bringt die Linsen vom Schleifer, die Galilei im folgenden zu einer Fernrohrkonstruktion zusammensetzt. Andrea zeigt sich als begeisterter Schüler seines Lehrers. Sein Wissensdurst ist stärker als seine leiblichen Bedürfnisse (er hat den Apfel, den ihm Galilei geschenkt hatte, nicht gegessen, um seiner Mutter die Erddrehung erklären zu können), und er bekennt, auch Physiker werden zu wollen.

Galileis Glaube an die Macht der Beweise

Galileis Optimismus erscheint jetzt jedoch verhaltener. Er warnt Andrea davor, mit anderen Leuten über die neuen Ideen zu sprechen. Trotz der relativen Freiheit in der Republik ist er nicht ohne Furcht vor der Macht der ‚Obrigkeit', obwohl er glaubt, schlüssige Beweise für die neuen astronomischen Theorien, die er zu finden hofft, könnten einen Konflikt mit den Mächtigen verhindern.

Das Fernrohr, das er am Schluß mit dem faszinierten Andrea ausprobiert, soll ihm die finanziellen Mittel verschaffen, um in Ruhe diese Beweise finden zu können. Ironischerweise erkennt er hier noch nicht, daß das Fernrohr dazu noch in ganz anderer Hinsicht, nämlich als Mittel der genauen empirischen Beobachtung der Gestirnwelt, wird dienen können.

Entfaltung aller handlungstragenden Momente

Im 1. Bild werden schon alle thematischen Aspekte und handlungstragenden Momente des Stücks (Gegensatz von Glauben und Zweifel, die gesellschaftliche Sprengkraft und damit Konfliktträchtigkeit des neuen Wissens), aber auch die Grundstruktur der Hauptfigur (Galileis Genußfähigkeit und sinnliche Art des Denkens, sein Glaube an die Vernunft trotz persönlicher Schwierigkeiten) erkennbar.

2. Bild: Galilei überreicht der Republik Venedig eine neue Erfindung

Diese ‚neue' Erfindung ist natürlich das Fernrohr.

Epigramm kündigt eine ‚Enthüllung' an

Das Epigramm erinnert in seiner direkten Ansprache an die Zuschauer („Nun hört, und seid nicht grimm darob / die Wahrheit übers Teleskop") an eine Moritat.

Äußerer Aufbau des Bildes: Haupt- und Staatsaktion

Schauplatz ist das große Arsenal der Republik Venedig, ihre legendären Schiffswerften und Waffenschmieden. Der Rat der Stadt, die Signoria, mit ihrem gewählten Ältesten, dem Dogen, ist erschienen. Galilei steht auf einem Podest in der Mitte, seine 15jährige Tochter trägt, mit Galileis Freund Sagredo etwas abseits stehend, das Fernrohr in einem karmesinroten Lederfutteral. Alles macht den Eindruck einer Haupt- und Staatsaktion.

Unterwürfigkeit und mangelnde Wahrheitstreue Galileis

Die Ansprache Galileis strotzt vor hohlem Pathos:

> „Mit tiefer Freude und aller schuldigen Demut kann ich Ihnen heute ein vollkommen neues Instrument vorführen und überreichen . . ." (S. 23)

Ohne Skrupel unterwirft er sich den Mächtigen, um sein Gehalt zu erhöhen, und belügt sie zugleich, indem er ‚sein' Fernrohr anpreist.

Karikierend-entlarvende Züge der Rede Priulis

Die folgende Rede Priulis entlarvt und karikiert die Profitsucht der Signoria. Jede Erwähnung der Vorzüge des Rohrs (Ruhmesblatt – Verkäuflichkeit – militärische Überlegenheit bewirkend) wird mit jeweils anschwellendem Beifall quittiert. Das Rohr

wird dann von Virginia, Galileis Tochter, überreicht und zur gefälligen Besichtigung freigegeben.
Während die durch das Rohr schauenden Ratsherren meist platte Scherze äußern, berichtet Galilei Sagredo von astronomischen Beobachtungen, die er in der Nacht mit dem Fernrohr hat machen können. Dieser neue Zweck des Rohrs beschäftigt ihn innerlich so stark, daß er den ursprünglichen fast vergißt und die Zusage der Gehaltserhöhung durch Priuli kaum zur Kenntnis nimmt.

Ludovicos ‚Einsicht'

Ludovico, der ja weiß, daß Galilei mit der Überreichung des Rohrs eine Schmierenkomödie inszeniert hat, macht die Begegnung mit Galilei verlegen, ganz im Gegensatz zu diesem selbst. Ludovico glaubt, er verstünde jetzt etwas von Wissenschaft, da er ihren ökonomischen Nutzen kennengelernt hat. Dies ist aber, wie das Bild ‚enthüllt', nur deren eine Seite. So wie das Fernrohr sowohl dem Profit als auch der Entdeckung der Wahrheit dient, hat auch die Wissenschaft einen doppelten Charakter.

Zwei Seiten der Wissenschaft

3. Bild: 10. Januar 1610: Vermittels des Fernrohrs entdeckt Galilei am Himmel Erscheinungen, welche das kopernikanische System beweisen, von seinem Freund vor den möglichen Folgen seiner Forschungen gewarnt, bezeugt er seinen Glauben an die menschliche Vernunft

Struktur des 3. Bildes

Das umfangreiche 3. Bild, im Kern ein Dialog zwischen Galilei und seinem Freund Sagredo, hat eine symmetrische Struktur. Im 1. Teil (S. 27–33) machen beide wissenschaftliche Entdeckungen und sprechen über deren Folgen, unterbrochen von dem Kurator Priuli (S. 29/30); im 2. Teil (ab S. 34) geht es um die Vernunft des Menschen und die Folgen, die Galilei für sein weiteres Handeln zieht; unterbrochen wird das Gespräch hier durch den Auftritt von Frau Sarti/Virginia (S. 35–37).

Entdeckung der Gleichartigkeit von Mond und Erde

Galilei und Sagredo sitzen in dieser deutlich als historisch gekennzeichneten Nacht in Galileis Studierstube und beobachten den Nachthimmel. Die beiden können als erste mit dem Fernrohr die Oberfläche des Mondes sehen. Ihre Beobachtungen lassen nur den Schluß zu: Der Mond ist kein leuchtender Stern, seine Oberfläche gleicht derjenigen der Erde.

Geschichtsträchtigkeit dieser Entdeckung

Diese Entdeckung der Gleichartigkeit von Erde und Mond widerspricht der traditionellen astronomisch-philosophischen Lehrmeinung, daß irdische und himmlische Materie von grundsätzlich anderer Art sein müssen. Sagredo äußert Furcht vor den theologischen Konsequenzen dieser Entdeckung. Anders Galilei, der ganz von der historischen Bedeutung durchdrungen ist: Als Sagredo ihn an das Schicksal Giordano Brunos erinnert, der erst 10 Jahre vorher wegen ähnlicher Auffassungen von der Inquisition verbrannt worden ist, stellt er lapidar fest:

> „Gewiß. Und wir sehen es. Laß dein Auge am Rohr, Sagredo. Was du siehst, ist, daß es keinen Unterschied zwischen Himmel und Erde gibt. Heute ist der 10. Januar 1610. Die Menschheit trägt in ihr Journal ein: Himmel abgeschafft." (S. 28)

Priulis Auftritt

Der wütend hereinstürzende Priuli weiß jetzt, daß das Fernrohr, angeblich Resultat einer siebzehnjährigen Forschertätigkeit Galileis, bereits erfunden worden ist, da gerade im Hafen eine Ladung Fernrohre gelöscht wird. Priuli fühlt sich in seiner Ehre als aufrichtiger Geschäftsmann zutiefst verletzt, geht überhaupt nicht auf Galileis Versuche ein, ihm die wirtschaftlichen Perspektiven neuer astronomischer Entdeckungen schmackhaft zu machen, und verläßt Galileis Studierzimmer so wütend, wie er gekommen ist.

Sein Auftritt bildet einen Kontrast zu dem Gespräch zwischen Galilei und Sagredo. Das Fernrohr, das als Mittel bahnbrechender Entdeckungen gezeigt wurde, ist für Priuli nur ein ‚famoses Ding, das man ebensogut wegwerfen' könne. Galilei quittiert den Auftritt des Kurators mit schallendem Gelächter, das auch seine Genugtuung verrät, es „diesen Filzen von der Signoria" (S. 31) gezeigt zu haben. Er fühlt sich angesichts seiner familiären Verpflichtungen und seiner sinnlichen und geistigen Bedürfnisse berechtigt, auch zu zweifelhaften Methoden zu greifen, um seine finanzielle Lage zu verbessern.

Galilei als erfolgreicher Hochstapler

Logik des historischen Forschungsprozesses

Der Forschungsprozeß auf der Bühne nimmt seinen Fortgang. Er entspricht exakt der Logik des historischen Forschungsprozesses, der schrittweisen Widerlegung des überlieferten Weltbildes mit den Methoden der modernen Naturwissenschaft. Wird eingangs dieses Bildes die Lehre des Aristoteles von der wesenhaften Verschiedenheit von Himmel und Erde widerlegt, so wird jetzt auch die Lehre des Ptolemäus von der Mittelpunkt-Stellung der Erde fragwürdig durch die Wahrnehmung einer bisher unvorstellbaren Fülle von Himmelskörpern. Einen entscheidenden Schritt zur Widerlegung dieser Lehre stellt die Entdeckung der Jupiter-Monde dar.

Die Jupiter-Monde: Widerlegung der Ptolemäischen Lehre

Die Stellungsänderungen dieser Trabanten des Planeten Jupiter, ja die Tatsache, daß sie zeitweise nur zum Teil sichtbar sind, lassen nur den Schluß zu, daß sie sich nicht um die Erde, wie nach Ptolemäus zwingend angenommen werden müßte, sondern um den Jupiter drehen.

Forschungsprozeß mit Hilfe der Methode des ‚vernünftigen Sehens'

Das 3. Bild zeigt die schon im 1. Bild vorgestellte Methode des ‚vernünftigen Sehens' in ihrer Anwendung im Forschungs- und Entdeckungsprozeß: Es werden astronomische Phänomene beobachtet, die einer vernünftigen, ‚rationalen' Erklärung bedürfen. Diese erfolgt hier durch mathematische Berechnungen. In einer Szenen-Abblende bei geöffnetem Vorhang führen Sagredo und Galilei solche Berechnungen durch; die Projektion der Jupitertrabanten auf dem Rundhorizont begleitet diesen Vorgang symbolisch.

Galileis Euphorie – Sagredos Furcht

Galilei ist von seiner Entdeckung in begeisterte Erregung versetzt worden und möchte sofort den kleinen Andrea wecken, um ihm die Neuigkeit mitzuteilen. Sagredo hat jedoch auch das Brisante der jetzt bestätigten Wahrheit erkannt. Das neue Weltbild hat keinen Platz mehr für die Vorstellung eines außerhalb der menschlichen Seele wirklich existierenden göttlichen Wesens. Galilei geht nur unwirsch

Gott: eine bloße Vorstellung des Menschen?

auf Sagredos insistierende Frage „Und wo ist dann Gott?" ein. Er versucht dieser Frage auszuweichen („Bin ich Theologe? Ich bin Mathematiker") und nimmt Zuflucht zu der Antwort des Giordano Bruno: „In uns oder nirgends", die Gott zu einer bloßen Vorstellung des Menschen macht.

Galileis Glaubensbekenntnis ist diesseitig:

Galileis Glaube an die Vernunft des Menschen

> „Ich glaube an den Menschen, und das heißt, ich glaube an seine Vernunft! Ohne diesen Glauben würde ich nicht die Kraft haben, am Morgen aus meinem Bett aufzustehen." (S. 34)

Galilei glaubt, daß die Macht der Vernunft, die zur Bewältigung des praktischen Lebens unentbehrlich ist, stärker ist als die Macht der Kirche, der Instanz des Glaubens:

> „Die Verführung, die von einem Beweis ausgeht, ist zu groß. Ihr erliegen die meisten, auf die Dauer alle. Das Denken gehört zu den größten Vergnügungen der menschlichen Rasse." (S. 35)

Sagredos Zweifel

Sagredo vermag diese Auffassung nicht zu teilen; er verweist auf das abergläubische Verhalten vieler Menschen. Damit ist unversehens und doch zwangsläufig die Frage nach der Vernünftigkeit des Menschen aufgeworfen. Frau Sarti beweist solche Vernunft in lebenspraktischen Zusammenhängen. Durch den lautstarken Wortwechsel herbeigerufen, soll sie eine ‚astronomische' Frage beantworten:

> „Ist es anzunehmen, daß das Große sich um das Kleine dreht, oder dreht wohl das Kleine sich um das Große?" (S. 35)

Frau Sartis praktische Vernunft

Ihre Antwort ist, daß sie selber, die gegen Bezahlung arbeiten muß, die Wünsche ihres Herrn erfüllen muß und nicht umgekehrt. Frau Sartis Vernunft bemißt himmlische (wissenschaftliche) und irdische (gesellschaftliche) Verhältnisse nach dem gleichen Maß alltäglicher Erfahrung.

Virginia, die ‚nicht-intelligente' Tochter Galileis

Virginia, die Tocher Galileis, die zur Frühmesse gehen will, wird jedoch von ihrem Vater auf keine Vernunftprobe gestellt. Er behandelt sie sehr abweisend und beantwortet ihre Fragen mit einer geradezu verletzenden Knappheit:

VIRGINIA Wie war die Nacht, Vater?
GALILEI Hell. (S. 36)

Galilei will an den Florentiner Hof

Das einzige, was er ihr mitteilt, ist sein Anstellungsgesuch beim Großherzog der Toskana in Florenz. Diesen Entschluß begründet er, Sagredo gegenüber,

Sagredos Angst um Galileis Schicksal

damit, daß er Muße brauche, um weitere Beweise zu finden, und daß er die ‚Fleischtöpfe' wolle. Sagredo soll Galileis Bittgesuch an den Großherzog begutachten; Galilei sorgt sich, er könne durch mangelnde Unterwürfigkeit sein Ziel verfehlen. Sagredos vernünftige Vorhaltungen, er gehe sehenden Auges in sein Verderben, denn in Florenz seien die Mönche mächtig und der Papst werde die Grundlage seiner Macht, die Existenz des Himmels, nicht ohne Gegenwehr von Galilei zerstören lassen, stoßen bei ihm auf taube Ohren: „Wenn sie mich nehmen, gehe ich." (S. 39)

Galilei stellt sich in den Dienst reaktionärer Kräfte

Zum Abschluß des Bildes wird der authentische Text von Galileis Brief an den Großherzog auf den Vorhang projiziert. Galilei hat nicht nur die neuen Entdeckungen dem Großherzog gewidmet (‚Mediceischen Sterne'), er macht auch in seinem Schreiben den erst neunjährigen Großherzog geradezu zur „aufgehenden Sonne, welche dieses Zeitalter erhellen wird". (S. 39) Eben noch Entdecker einer revolutionären Wahrheit, will er sich materieller Vorteile wegen in den Dienst reaktionärer Kräfte stellen, jedenfalls erklärt er dies. Mit diesem Verhalten provoziert Galilei den Konflikt zwischen Wissen und Macht, den er in seinem blinden Glauben an die Vernunft meint verhindern zu können.

Galilei provoziert Konflikt zwischen Wissen und Macht

4. Bild: Galilei hat die Republik Venedig mit dem Florentiner Hof vertauscht. Seine Entdeckungen durch das Fernrohr stoßen in der dortigen Gelehrtenwelt auf Unglauben

Galileis Bittgesuch hat Erfolg gehabt. Das folgende Bild spielt in seinem Florentiner Haus. Die Konflikttrâchtigkeit des folgenden wird durch das nur zweizeilige Epigramm angedeutet:

Unvereinbarer Gegensatz des Alten und des Neuen

„Das Alte sagt: So wie ich bin, bin ich seit je.
Das Neue sagt: Bist du nicht gut, dann geh."

‚Das Alte' und ‚Das Neue' stehen für grundsätzlich unvereinbare Weltsichten des Menschen. ‚Das Alte' ist ein Denken, das bei sich selber bleibt und sich bloß auf seine Tradition beruft; ‚Das Neue' gewinnt

Konturen nur in der Auseinandersetzung mit dem Alten. Es fordert von ihm, seine Brauchbarkeit und damit seine Daseinsberechtigung unter Beweis zu stellen.

Bevorstehende Visite des Hofes bei Galilei

Zu Beginn sehen wir Frau Sarti, die eine Blamage für die bevorstehende Visite des Hofes bei Galilei befürchtet. Sie könne sich nicht vorstellen, sagt sie, daß Galileis Wissen größeren Wert habe als das Wissen der geistlichen Herren mit ihren unzähligen Büchern. Ihre derb-komische, respektlose Charakterisierung dieser Herren läßt jedoch vermuten, daß sie eher von der Macht der geistlichen Herren als vom Wert ihres Wissens überzeugt ist.

Symbolisch-parodistischer Charakter des Streits der beiden Knaben

Der neunjährige Großherzog erscheint in Begleitung zweier Hofdamen und eines alten Hofmarschalls. Während die Begleiter im unteren Raum bleiben, läuft der kleine Cosmo zu Andrea nach oben. Die Begegnung der beiden Knaben gestaltet Brecht zu einem parodistischen Spiegelbild der ‚Welt der Großen'.

Andrea imitiert seinen Lehrer, er demonstriert dem kleinen Großherzog die beiden Weltsysteme an zwei Holzmodellen. Cosmo ist nur mäßig interessiert und sieht in den Modellen nur Spielzeug, das er nicht wieder hergeben möchte. Es entsteht eine handfeste Rauferei, bei der das ‚Ptolemäische System' zerbricht. Die symbolischen Züge dieser Szene finden wenig später eine Ergänzung, als der Theologe das zerbrochene Modell sieht und sagt: „Hier scheint etwas entzweigegangen." (S. 44)

Der Kampf der Jungen wird beendet durch das Erscheinen Galileis in Begleitung der Hofgelehrten und des Linsenschleifers Federzoni. Aus den Gesprächen der in den oberen Raum hinaufsteigenden Herren ist zu entnehmen, daß in der Stadt eine Epidemie ausgebrochen ist, die die Gelehrten nicht als Pest anerkennen wollen.

In knappen Worten erläutert Galilei die wissenschaftliche Fragwürdigkeit des Ptolemäischen Weltbildes und bittet dann den Philosophen, den Mathematiker und den Theologen, sich von der Existenz der Mediceischen Sterne zu überzeugen. Statt durch das Fernrohr zu schauen, möchten die Herren Gelehrten erst einmal über die Frage disputieren, ob solche Sterne überhaupt möglich oder nötig sind.

Der Wissenschaftsbegriff der Hofgelehrten

Die Hofgelehrten erscheinen in ihrem zeremoniellen Gehabe und ihrer prätentiösen Sprechweise als überzeichnete Vertreter eines ‚Wissens', dem als ‚Grund' und ‚Beweis' nicht die rationale Erklärung beobachtbarer Naturerscheinungen gilt, sondern der glanzvolle, möglichst lateinische Vortrag eines passenden Arguments des ‚göttlichen' Aristoteles. Der Mathematiker bezichtigt sogar Galilei, wenn auch mit der vornehmen Zurückhaltung des Hofbeamten, des Betrugs:

> „Wenn man sicher wäre, daß Sie sich nicht noch mehr erregten, könnte man sagen, daß, was in Ihrem Rohr ist und was am Himmel ist, zweierlei sein kann." (S. 46)

Dies entbehrt von ihrer Perspektive her nicht einer gewissen Logik. Wenn die Wahrheit in den Argumenten des Aristoteles begründet liegt, das Fernrohr aber diesen ‚Tatsachen' widerspricht, dann kann eben das Rohr den Himmel nicht so zeigen, wie er in Wahrheit ist.

Keine Verständigung zwischen der alten und neuen Wahrheit

Gemessen an den Wahrheitskriterien Galileis jedoch ist Andrea im Recht, die Hofgelehrten als ‚dumm' zu bezeichnen. Deren Borniertheit ist in der Tat mehr als deutlich, wenn der Philosoph die zutreffende Feststellung Galileis, Aristoteles habe kein Fernrohr gehabt, als ein ‚In-den-Kot-Ziehen' einer anerkannten Autorität bewertet.
Das Bild zeigt, daß es trotz verzweifelter und devoter Bemühungen Galileis keine Annäherung der Standpunkte Galileis und jener Vertreter der orthodoxen Gelehrtenwelt geben kann. Gerade weil Galilei an den historischen Charakter der Wahrheit und an deren Kraft zur Veränderung der Wirklichkeit glaubt, können und wollen sich seine Kontrahenten dieser Wahrheit nicht öffnen. („Herr Galilei, die Wahrheit mag uns zu allem möglichen führen.", S. 49)
Beim eiligen, grußlosen Abgehen der Hofgesellschaft erfährt Galilei vom Hofmarschall, daß seine ‚Behauptungen' von einer Autorität, dem Päpstlichen Astronomen P. Clavius, überprüft werden sollen. Die sanfte Gewalt der Beweise kann keine

Wirkung entfalten, wenn man die Beweise nicht zur Kenntnis nehmen will.

5. Bild: Uneingeschüchtert auch durch die Pest setzt Galilei seine Forschungen fort

Galileis Mut: Sorge um seine Arbeit

5 a) Am frühen Morgen betritt Virginia das Arbeitszimmer ihres Vaters in Florenz und berichtet, daß in der Stadt die Pest ausgebrochen sei. Die herbeigeeilte Frau Sarti will sofort packen, bleibt aber von Angst gelähmt sitzen. Galilei rafft eilig seine Papiere zusammen; ein Lakai des Großherzogs bietet eine Kutsche zur Flucht an. Doch Galilei kommen Zweifel, ob er die Stadt verlassen soll, da er seine Forschungen noch nicht abgeschlossen hat. Schließlich nötigt er Frau Sarti und die Kinder, der schon abfahrenden Kutsche nachzueilen, und verspricht, bald nachzukommen. Aber auch Frau Sarti fährt nicht mit, sie kommt zurück; denn wer soll sonst Galilei das Essen hinstellen? Galilei geht für seine Forschungen ein hohes Risiko ein. Frau Sarti geht dasselbe Risiko aus ihrer persönlichen Verbundenheit mit Galilei ein.

Frau Sartis Mut: Sorge um Galilei

Galileis Suche nach Frau Sarti

5 b) 3 Tage später: Galilei ist vor das Haus getreten, da er Frau Sarti vermißt. Vorübergehende können ihm keine Auskunft erteilen, nur die Nachbarin berichtet aufgebracht, Frau Sarti sei krank zusammengebrochen. Soldaten sperren die Straße rigoros ab, so daß Galilei und die anderen Bewohner ihre Häuser nicht mehr verlassen können. Auch die Nachbarin, die den Soldaten aus Angst von den Pestfällen in der Straße berichtet hat, ist jetzt eingeschlossen und bricht in verzweifeltes Schluchzen aus.

Grund für Frau Sartis Flucht

Von einer alten Frau erfährt Galilei, daß Frau Sarti durch ihre Flucht dies Einschließen der anderen hat verhindern wollen. Jenseits der Absperrung steht plötzlich Andrea mit verweintem Gesicht; er ist zu Fuß zurückgelaufen und hat vom Schicksal seiner Mutter erfahren. Galilei erzählt Andrea von den Phasen der Venus, die er inzwischen entdeckt hat. Auch dieser ‚Stern' ähnelt der Erde, ein weiterer Beweis für die Wahrheit der Kopernikanischen Lehre.

Aber das erneute Schluchzen des Jungen löst in Galilei Schuldgefühle wegen des Schicksals von Frau Sarti aus.
Gegen Ende des Bildes bringen vermummte Männer den Eingeschlossenen Brot, und Galilei bittet die Männer, beim nächsten Mal ein Buch für ihn mitzubringen, das Andrea besorgen will.

Galileis Charakterstärke und geistiger Hunger

Galilei wird im 5. Bild als mutiger und verantwortungsvoller Mensch gezeigt; selbst in gefährdeter Lage ist sein geistiger Hunger stärker als sein körperlicher.

6. Bild: 1616: Das Collegium Romanum, Forschungsinstitut des Vatikans, bestätigt Galileis Entdeckungen

Schauplatz ist ein Saal des Collegium Romanum in Rom. Das Epigramm weist auf das Unübliche des Vorgangs hin. Dabei weiß der Zuschauer, daß das von der Welt nicht oft gesehene Lernen auch noch des Lehrers der Haltung Galileis gegenüber dem Wissen entspricht.

Einstellung der Geistlichkeit zur Wissenschaft

Geistliche verschiedenster Art und der von den anderen fast unbemerkte Galilei warten auf das Ergebnis der Untersuchungen des berühmten Astronomen Pater Clavius. Mit dröhnendem Gelächter macht man sich über die ‚Dummheit' jener lustig, die zwar glauben, die Erde drehe sich um die Sonne, die jedoch die Existenz des Teufels bezweifeln. Der Vorwurf der Dummheit, ja des ‚Schwindels', der ‚doppelsinnig' gegen Galilei erhoben wird, fällt unmittelbar auf zwei Astronomen zurück, die in ein Gespräch vertieft hereinkommen. Seit Jahrzehnten sind ihnen Himmelsphänomene bekannt, die dem Ptolemäischen Weltbild widersprechen, die sie sich aber gerade deshalb zu untersuchen weigern.

Empirische Wahrheit im Gegensatz zur Bibelwahrheit

Ein sehr dünner, fanatisch-asketischer Mönch spielt das empirisch gewonnene Wissen Galileis gegen die (Buchstaben-)Wahrheit der Bibel aus, wo zu lesen steht: „Sonne, stehe still zu Gibeon und Mond im Tale Ajalon." Ja, er nimmt schon die Darwinsche Evolutionstheorie vorweg, wenn er prophezeit:

„Wir werden den Tag erleben, wo sie sagen: Es gibt auch nicht Mensch und Tier, der Mensch selber ist ein Tier, es gibt nur Tiere." (S. 61)

Ein sehr alter Kardinal schließlich erklärt mit der ganzen Arroganz der (kirchlichen) Macht Galilei zu einem Feind des Menschengeschlechts und droht ihm mit dem Scheiterhaufen, weil er den Menschen aus dem Zentrum des Kosmos entfernen wolle. Stolz auf und ab schreitend verkündet er die unumstößliche Wahrheit des alten Weltbildes. Aber als er die selbstherrliche Konsequenz zieht: „So kommt sichtbar und unwiderleglich alles an auf mich, den Menschen, die Anstrengung Gottes, das Geschöpf in der Mitte, das Ebenbild Gottes, unvergänglich ..." sinkt er erschöpft zusammen.

Widerspruch zwischen Rede und Geschehen

Das Bild findet einen für die Geistlichen verstörenden Ausgang. P. Clavius bestätigt Galileis Entdekkungen, wenn auch sehr leise. Ein kleiner Mönch aus der Untersuchungskommission teilt Galilei mit:

„Pater Clavius sagte, bevor er wegging: Jetzt können die Theologen sehen, wie sie die Himmelskreise wieder einrenken! Sie haben gesiegt." (S. 63)

Der Sieg muß jedoch zweifelhaft bleiben; wird das ‚letzte Wort' nicht doch dem Inquisitor gehören, so wie ihm hier der letzte Auftritt vorbehalten bleibt?

Galileis (zweifelhafter) Sieg

7. Bild: Aber die Inquisition setzt die kopernikanische Lehre auf den Index (5. März 1616)

Der Übergang vom 6. zum 7. Bild verdeutlicht schon im engen Bezug der beiden Szenen-Titel – es handelt sich um einen einzigen Satz – das Bauprinzip des szenischen Kontrasts. Unmittelbar nach der Anerkennung Galileis durch das Collegium Romanum werden die Umstände der Indizierung der Lehre des Kopernikus gezeigt.

7. Bild als direkter Kontrast zum 6. Bild

Das Epigramm verrät etwas von der Strategie der kirchlichen Institutionen, die, fürs erste noch, den berühmten Mann eher durch Ehrungen und Entgegenkommen für sich einnehmen wollen, jedoch ihr ‚klein Wünschelein' nicht aus den Augen verlieren.

Strategie der kirchlichen Institutionen gegenüber Galilei

Das Bild führt uns in den Palast des Kardinals Bellarmin, wo zum ersten Mal seit den Pestjahren wieder ein prunkvoller Fastnachtsball veranstaltet wird, auf dem Galilei, der nun berühmte Mann, mit seiner Tochter Virginia und deren Verlobten, Ludovico Marsili, als Gast erscheint.
Während das junge Paar zum Tanz in den Ballsaal geht, unterhält sich Galilei mit den beiden Sekretären, die im Vorraum beim Schachspiel sitzen und sich unauffällig Notizen über die Gäste machen. Er erklärt ihnen eine neue raumgreifende Weise des Spiels, die sie jedoch mit dem ironischen Hinweis auf die Kargheit ihrer Gehälter zurückweisen.

Konfliktgeladene Atmosphäre

Der bald aufbrechende Konflikt zwischen Galilei und der kirchlichen Macht wird bereits in der Atmosphäre des Bildes angedeutet. Galileis Erfolg ist offenkundig, selbst der alte Kardinal aus dem 6. Bild grüßt ihn jetzt höflich; aber im Ballsaal wird das Gedicht Lorenzo de Medicis über die Vergänglichkeit vorgetragen.

‚Doppelgesichtigkeit' der beiden Kardinäle

Galilei wird von den Kardinälen Bellarmin und Barberini als Freund begrüßt. Die beiden geistlichen Herren verbergen nicht nur ihr wahres Gesicht durch Masken von Lamm und Taube, sondern auch ihre wahren Absichten durch einen scherzhaft-galanten Plauderton.

Der Wettstreit mit ‚Bibel-Zitaten'

Barberini und Galilei liefern sich einen kurzen ‚Zweikampf' mit Bibel-Zitaten. Offenbar lassen sich mit der Bibel ganz unterschiedliche Auffassungen, auch ein Gebot vernünftigen Forschens, begründen. Durch einen Kunstgriff läßt Brecht keinen Zweifel daran, daß in diesem Streit das ‚historische Recht' auf seiten Galileis liegt. Während er Galilei originale Bibel-Zitate verwenden läßt, legt er Barberini Sentenzen in den Mund, die zwar an ‚Bibel-Zitate' erinnern, jedoch nicht authentisch sind. Als Galilei auf einem ernsthaften Disput besteht, gewinnt das Gespräch deutlich an Schärfe.

Galileis Glaube an die Vernunft

Während Galilei seinen Glauben an die Vernunft betont, der auch einen vernünftigen Schöpfungsplan Gottes einschließt, mag Bellarmin daran nicht glauben. In Wahrheit brauche man diesen Plan Gottes doch nur, um der unvermeidlichen Unvernunft und Gemeinheit der Welt etwas Sinn zu verleihen.

Sichtbar wird der zynische Machtanspruch der Kirche, nach eigenem Belieben über Qualität und Funktion der göttlichen Wahrheit entscheiden zu können:

Zynischer Machtanspruch der Kirche auf ‚Wahrheit'

> „Aber wie die Bibel aufzufassen ist, darüber haben schließlich die Theologen der Heiligen Kirche zu entscheiden, nicht?" (S. 69)

Verbot, die kopernikanische Lehre zu verbreiten

Das gleichberechtigte Gespräch unter Wissenschaftlern ist beendet. Galilei wird offiziell vermahnt, die Kopernikanische Lehre, die nun durch seine Forschungen bewiesen ist, als „absurd und ketzerisch im Glauben" aufzugeben. Einerseits wird der amtliche Charakter dieser Vermahnung unterstrichen – ein Sekretär protokolliert und wiederholt danach noch einmal die Worte Bellarmins – andererseits wird dem sprachlosen Galilei zu verstehen gegeben, er könne durchaus weiter seinen Forschungen nachgehen, solange er die Wahrheit in die Maske einer bloßen Hypothese kleide. Man möchte offenbar auch weiterhin das Ansehen des berühmten Wissenschaftlers für die Zwecke der Kirche nutzbar machen. „Wir brauchen Sie, mehr als Sie uns" sagt Barberini, als man Galilei in den Ballsaal führt.

Wahrheit darf nur ‚maskiert' erscheinen

Den Schluß des Bildes bildet wieder der Auftritt des Inquisitors. Er läßt sich die heimlich gemachten Aufzeichnungen der Sekretäre zeigen und wendet sich dann Virginia zu, die auf der Suche nach ihrem Vater hereingekommen ist. Er beglückwünscht sie zu ihrer Verlobung; amüsiert stellt er fest, daß sie gar nichts von Astronomie versteht. In galant plauderndem Ton erläutert er ihr die Weitläufigkeit des neuen Weltbildes. Dabei deutet er auch mit zynischer Offenheit an, warum die Kopernikanische Lehre für ketzerisch im Glauben befunden worden ist. Die Herren des Heiligen Offiziums hätten befürchtet, „auf so ungeheuren Strecken könnte ein Prälat und sogar ein Kardinal leicht verlorengehen. Selbst ein Papst könnte vom Allmächtigen da aus den Augen verloren werden." (S. 72)

Das neue Weltbild bedroht Machtanspruch der Kirche

Seine Aufforderung an Virginia, sich um ihren Vater zu kümmern, läßt für Galilei bedrohliche Untertöne anklingen:

Versteckte Drohungen gegen Galilei

„Niemand unter den Sterblichen ist ja so groß, daß er nicht in ein Gebet eingeschlossen werden könnte.“ (S. 73)

Wahre Natur des Konflikts

Das 7. Bild entlarvt in seinem Kontrast zum 6. Bild den wahren Charakter der Auseinandersetzung zwischen dem neuen, wissenschaftlich beweisbaren und dem traditionellen, religiös geprägten Weltbild. Die geistlichen Herren erscheinen hier nicht als eifernde Vertreter einer religiösen Heilswahrheit, sondern als leidenschaftslose und zynische Vertreter des universalen Machtanspruchs der Institution Kirche. Galileis Vertrauen in die Macht vernünftiger Beweise erweist sich als Illusion angesichts einer Vernunft, die sich ausschließlich in den Dienst der Aufrechterhaltung überkommener Machtverhältnisse stellt.

Ohnmacht der Vernunft vor der Vernunft der Macht

8. Bild: Ein Gespräch

Reflexionscharakter des Bildes

Das Bild spielt im Palast des florentinischen Gesandten in Rom kurz nach der Verkündigung des Edikts gegen die Kopernikanische Lehre. Der Reflexionscharakter des Bildes ist unverkennbar; das Gespräch zwischen Galilei und dem kleinen Mönch Fulganzio wirft Fragen von grundsätzlicher Bedeutung auf.

Fulganzio, ein ‚Repräsentant' der Kirche?

Das Epigramm stellt die niedere soziale Herkunft Fulganzios (‚war eines armen Bauern Kind') und seine große Wißbegier heraus, läßt ihn so als Kontrastfigur zu den Kardinälen des 7. Bildes erscheinen. Galilei begegnet ihm zuerst mit bitterer Ironie:

„Reden Sie! Reden Sie! Das Gewand, das Sie tragen, gibt Ihnen das Recht zu sagen, was immer Sie wollen!“ (S. 74)

Fulganzios Verteidigung des Dekrets

Aber der kleine Mönch ist, so zeigt sich bald, kein zynischer Vertreter der kirchlichen Macht, er macht ganz andere Gründe zugunsten des Dekrets geltend. In schlichten, aufrichtigen Worten spricht er von den Menschen seiner bäuerlichen Heimat. Das jämmerliche Leben dieser Menschen könne doch nur einen Sinn erhalten, wenn sie sicher sein könnten, daß sie trotz aller Leiden und Entbehrungen eine bedeutsame Rolle im göttlichen Schöpfungsplan spielen. Wenn die neue Lehre aber die Erde aus der Mitte des Kosmos an den Rand rücke, widerlege sie die göttliche Weltordnung, und sie nehme damit dem Leiden der Armen seine Bedeutung:

> „Kein Sinn liegt in unserem Elend. Hunger ist eben Nichtgegessenhaben, keine Kraftprobe; Anstrengung ist eben Sichbücken und Schleppen, kein Verdienst." (S. 76)

Mit dem Sinn ihres Lebens erhalte die ‚Weisheit des Dekrets' den Armen auch den Sinn ihrer Tugendhaftigkeit.

Galilei fühlt sich durch diese Deutung herausgefordert. Für ihn ist die Armut der Bauern nichts Unabänderliches, sondern die Folge der Machtpolitik der Kurie, die ihre Kriege aus der Arbeitsleistung der Bauern finanziert. Auch Tugenden seien nicht an Elend gebunden. Galilei wendet sich schroff gegen die rückwärts gewandte Utopie einer natürlichen, bäuerlichen Gesellschaft, die noch im Einklang mit ihren überlieferten Werten lebt. Der Wert menschlichen Lebens bemißt sich für ihn einzig nach seinen materiellen Möglichkeiten. Die Konsequenz, die er daraus zieht, ist eindeutig: sollte er die Wahrheit verschweigen, dann würde er dies nicht aus einer höheren Weisheit heraus tun, sondern nur aus niederen Beweggründen (Angst, Sorge um sein eigenes materielles Wohlergehen).

Galileis Ablehnung der Utopie vom einfachen Leben

Galileis Konsequenz: Schweigen nur aus egoistischen Motiven

Galileis weitere Argumente richten sich an den Physiker in seinem Gesprächspartner. Er weist den kleinen Mönch auf eine im Garten stehende Statue des Priap, eines antiken Fruchtbarkeitsgottes, hin und zitiert den Anfang der achten Satire des römischen Dichters Horaz, in der ein solcher Priap aus Holz zu Wort kommt. Durch dieses Beispiel verdeutlicht er den ‚Schönheitssinn' des Physikers. Ebensowenig wie in einem Gedicht ein Wort durch ein anderes ersetzt werden kann, ohne den Wert des Kunstwerks zu zerstören, kann der Wissenschaftler einfach auf Teile seines Wissens verzichten. Beides, Kunst und Wissenschaft, ist nicht ohne die Freiheit, die ganze Wahrheit zu sagen, möglich.

Wahrheit läßt sich nicht teilen

Wissenschaft als Lust und als Laster

Der Schluß des Bildes führt eindringlich die Faszination des neuen Wissens vor Augen. Der kleine Mönch, der eben noch dem Verbot des Wissens aus religiösen Gründen Weisheit zusprechen wollte, vertieft sich begierig in Galileis neue Schrift über die Ursache von Ebbe und Flut, seine Umwelt ganz vergessend. Dieses unbedingte Wissenwollen wird von Galilei jetzt auch kritisch kommentiert:

> „Und das Schlimmste: was ich weiß, muß ich weitersagen. Wie ein Liebender, wie ein Betrunkener, wie ein Verräter. Es ist ganz und gar ein Laster und führt ins Unglück." (S. 79)

Scheinbar widersprüchliche Aussagen über die Wahrheit

Dieser Schluß des Bildes mag den Zuschauer befremden. Wie kann das Aussprechen der Wahrheit ein Laster sein, wenn doch das Verschweigen der Wahrheit nach Galileis Meinung feige und niedrig ist? Und hat er nicht nachdrücklich die Verantwortung des Wissenschaftlers unterstrichen: „Es setzt sich nur soviel Wahrheit durch, als wir durchsetzen" (S. 78)?

9. Bild: Nach achtjährigem Schweigen wird Galilei durch die Thronbesteigung eines neuen Papstes, der selbst Wissenschaftler ist, ermutigt, seine Forschungen auf dem verbotenen Feld wieder aufzunehmen. Die Sonnenflecken

Galilei hat geschwiegen

Schauplatz des Bildes ist wieder Galileis Haus in Florenz. Die Verse des Epigramms in ihrem naiv-berichtenden Ton verschweigen die Gründe für Galileis achtjähriges Schweigen. Die Gründe mag der Zuschauer, der noch die Erörterungen des 8. Bildes im Ohr hat, erraten.

Vorbereitung einer experimentellen Vorlesung

Galilei und seine Schüler (Federzoni, der kleine Mönch, der nun erwachsene Andrea) sind zu einer experimentellen Vorlesung versammelt, während Virginia und Frau Sarti Brautwäsche nähen. Filippo Mutius erscheint, ein ehemaliger Schüler Galileis. Er möchte sich für ein Buch rechtfertigen, in dem er die Kopernikanische Lehre kritisiert hatte. Galilei jedoch wirft ihn aufgebracht hinaus:

> „Ich sage Ihnen: Wer die Wahrheit nicht weiß, der ist bloß ein Dummkopf. Aber wer sie weiß und sie eine Lüge nennt, der ist ein Verbrecher!" (S. 81)

Virginias Hoffnung auf privates Glück

Das Gespräch Frau Sartis mit Virginia kreist um die bevorstehende Hochzeit Virginias. Sie hat sich auch ein Horoskop erstellen lassen, nach dessen Ergebnis Frau Sarti sich angelegentlich erkundigt.

Rektor Gaffone bringt Galilei ein neues, sehr zum Ärger Federzonis in Latein geschriebenes, Buch über Sonnenflecken. Die Gelehrtenwelt des Auslands – dies wird aus dem Gespräch der Schüler deutlich – wartet begierig auf die Stellungnahme des berühmten Galilei zu diesem neuen astronomischen Problem. Dieser jedoch schweigt beharrlich und antwortet, als Federzoni ihm vorwirft, er könne sich dieses Schweigen nicht mehr länger leisten:

Galilei schweigt aus Furcht

> „Ich kann es mir auch nicht leisten, daß man mich über einem Holzfeuer röstet wie einen Schinken." (S. 84)

Man wendet sich dem unverfänglicheren Thema der schwimmenden Körper zu.

Galileis Untersuchungsmethode am Beispiel der schwimmenden Körper

Noch einmal führt das Bühnengeschehen die neue Methode des ‚vernünftigen Sehens' vor Augen, diesmal an einem Beispiel aus der Physik. Aristoteles' klassische Lehrmeinung (Eis schwimmt nicht, weil es das Wasser nicht zu zerteilen vermag) wird durch ein Experiment überprüft und widerlegt. Dieser Befund verlangt eine neue Hypothese (Eis ist nicht verdichtetes, sondern verdünntes Wasser), die auf einer anderen Grundannahme beruht („Alles, was leichter ist, als Wasser ist, schwimmt, und alles, was schwerer ist, sinkt"). Galileis Forschungsprogramm ist bescheiden in seiner Aufgabenstellung, aber unerbittlich in seinem Verlangen nach Genauigkeit.

Ludovico Marsili, der Verlobte Virginias, erscheint auf der Durchreise mit Bedienten und großem Gepäck. Galilei bewirtet ihn zwar mit Wein, weicht aber Fragen nach seiner Arbeit aus. Beiläufig berichtet Ludovico, daß der Papst im Sterben liege und Kardinal Barberini, der Mathematiker, als Nachfolger genannt werde. Sofort glaubt Galilei, daß nun das Zeitalter der Wissenschaften auch in

Anbruch der neuen Zeit?

Italien beginnen werde, und die Schüler bereiten fieberhaft die Versuchsanordnung zur Beobachtung der Sonnenflecken vor.

Bruch mit Ludovico, dem Vertreter der reaktionären Gutsherrenkaste

Währenddessen eskalieren die Spannungen zwischen Galilei und Ludovico. Der Vertreter der grundbesitzenden Schicht, Marsili, glaubt es sich nicht leisten zu können, mit der Tochter eines Ketzers, der zudem noch ein Aufrührer ist, verheiratet zu sein. Offen droht er mit der Macht seiner Standesgenossen. Gegen deren Interessen werde auch ein Wissenschaftler auf dem Papstthron es nicht wagen können, ein Zeitalter der Vernunft anbrechen zu lassen.

Frau Sarti versucht verzweifelt, das Glück Virginias zu retten, indem sie auf Galilei wie auf einen von einer unheilbaren Leidenschaft besessenen Menschen einredet. Aber der Bruch ist unvermeidlich. Mit eisiger Höflichkeit verabschiedet sich Ludovico, ohne seine ‚Verlobte' noch einmal gesprochen zu haben, von höhnischen Grüßen der Schüler an seine Standesgenossen begleitet.

Galileis Forschungsprogramm

Galilei formuliert ein rigoroses Forschungsprogramm. Die nun zu verkündende neue Wahrheit soll gegen jeden denkbaren Zweifel abgesichert werden.

Das zerstörte ‚Glück' Virginias

Als das Abbild der Sonne auf dem aufgespannten Schirm erscheint, stürzt Virginia, die für Ludovico ihr Brautkleid angelegt hatte, herein und wird ohnmächtig, als sie feststellen muß, daß ihr Verlobter sich abgewandt hat. Galileis letzte Worte sind: „Ich muß es wissen." Galilei hat das ‚Glück' seiner Tochter zerstört auf die bloße Hoffnung hin, mit dem neuen Papst werde das Zeitalter der Vernunft seinen Anfang nehmen.

Der zwiespältige Charakter von Galileis Forschen

Dem widersprüchlichen Charakter, den Galilei im 8. Bild dem Sagen der Wahrheit beigelegt hat, entspricht sein zwiespältiges Verhalten im 9. Bild: Galileis Forschen ist zugleich Parteinahme gegen die Kräfte der Reaktion und Ausdruck einer fast zwanghaften Leidenschaft für das neue Wissen.

10. Bild: Im folgenden Jahrzehnt findet Galileis Lehre beim einfachen Volk Verbreitung. Pamphletisten und Balladensänger greifen überall die neuen Ideen auf. Während der Fastnacht 1632 wählen viele Städte Italiens als Thema der Fastnachtsumzüge der Gilden die Astronomie

Vortrag einer Ballade

Ein heruntergekommenes Schaustellerpaar mit zwei kleinen Kindern kommt irgendwo in Oberitalien auf einen Marktplatz und trägt eine Ballade vor: ‚Die erschröckliche Lehre und Meinung des Herrn Hofphysikers Galileo Galilei oder Ein Vorgeschmack der Zukunft'.

Die Große Weltordnung der Theologen

Im 1. Teil stellt der Sänger die Große Ordnung der Theologen vor. In der Mittelstellung der Erde komme ein göttliches Schöpfungsprinzip zum Ausdruck, das seine Entsprechung im gesellschaftlichen Bereich, im Kreisen der Niederen um die Höheren habe. Der 2. Teil der Ballade, der aus vier Strophen mit fast identischem Refrain besteht, ist der neuen Lehre und ihren Konsequenzen gewidmet. Die erste Strophe stellt Galilei als einen Revolutionär der Weltordnung dar. Die anderen Strophen schildern die – ausschließlich gesellschaftlichen – Folgen dieser Umwälzung. (Die kleinen Leute kündigen den Großen den Dienst auf usw.)

Wissenschaftliche und soziale Konsequenzen der Lehre

Im Anschluß an die Ballade werden Galileis astronomische Thesen durch eine grotesk anmutende Pantomime dargestellt. In einem Fastnachtszug erscheint der Großherzog als lächerliche Figur, Galilei jedoch als überlebensgroße Puppe in der Pose des Bibelzertrümmerers. Diese bizarre Szenerie verdeutlicht die geschichtliche Bedeutsamkeit Galileis im Verhältnis zu seinen geistlichen und weltlichen Widersachern.

11. Bild: 1633: Die Inquisition beordert den weltbekannten Forscher nach Rom

Kontrast von 10. und 11. Bild

Das nur aus zwei Versen bestehende Epigramm stellt eine versteckte Aufforderung an den Zuschauer dar, das Geschehen des 10. und 11. Bildes miteinander zu vergleichen. Dem lärmenden Treiben des Volkes steht die abweisende Atmosphäre des Hofes gegenüber. Schauplatz ist das Vorzimmer des großherzoglichen Palastes in Florenz. Der mittlerweile 69jährige Galilei wartet mit seiner Tochter auf eine Audienz beim Großherzog, dem er sein Buch ‚Dialog über die zwei Weltsysteme' überreichen möchte. Die Atmosphäre des Bildes ist von einer immer spürbarer werdenden Bedrohung geprägt, die Brecht in einer Folge spannungssteigernder Auftritte von Nebenfiguren gestaltet. Da erscheint zuerst ein Individuum, das sich schon seit Tagen in der Nähe Galileis herumtreibt, ein Spitzel vielleicht. Rektor Gaffone kommt die Treppe herunter, erschrickt, als er Galilei sieht, und geht fast grußlos hinaus. Galilei jedoch weist Virginias Vermutung, diese Geste könne etwas mit dem neuen Buch zu tun haben, auf beleidigende Weise zurück. Als Virginia sich bei einem Beamten höflich erkundigt, ob der Großherzog wisse, daß ihr Vater auf ihn warte, erhält sie eine demonstrative Abfuhr. Jetzt erst stellt Galilei wenn auch vage Überlegungen an, zu fliehen, während er kurz zuvor ein Angebot zur Flucht seitens des Eisengießers Vanni noch brüsk abgelehnt hatte. Er erscheint aber sofort wieder beruhigt, als der Inquisitor, der überraschend in Florenz ist, ihn respektvoll grüßt.

Sich steigernde Bedrohung Galileis

Galileis Festnahme

Die Szene wendet sich erneut, als der Großherzog auftritt, jedem Gespräch über das neue Buch ausweicht und sich nur nach dem Zustand von Galileis Augen erkundigt. Jetzt begreift Galilei, zu spät, den Ernst der Lage und will eine vorbereitete Fluchtmöglichkeit nutzen. Ein Beamter verstellt ihm den Weg; er wird festgenommen und nach Rom gebracht. Daß Galilei in eine selbstgestellte Falle getappt ist, offenbart das Gespräch mit Vanni in der Mitte des Bildes. (S. 100/01)

Galilei leugnet den gesellschaftlichen Charakter seiner Wissenschaft

Der Eisengießer, Repräsentant des bürgerlichen Mittelstandes, tritt als einziger Galilei in offener Weise entgegen. Vanni versichert ihm, die oberitalienischen Städte stünden hinter ihm, da sie ohne Männer, die für die Freiheit einstünden, nicht bestehen könnten. Galilei jedoch schlägt sich auf die Seite der herrschenden feudalen Kreise, da er an die Macht des Bürgertums weder glauben kann noch will („Ich kenne Macht von Ohnmacht auseinander“) und brüskiert damit den einzigen Menschen, der ihm Hilfe anbietet. Im Angesicht der Gefahr verleugnet er die gesellschaftlichen Folgen seiner Lehre:

> „Ich habe ein Buch geschrieben über die Mechanik des Universums, das ist alles. Was daraus gemacht wird, geht mich nichts an.“ (S. 101)

12. Bild: Der Papst

Papst Urban VIII., vormals Kardinal Barberini, führt eine Unterredung mit dem Inquisitor zum Fall Galilei. Der Papst, von dem wir wissen, daß er auch Wissenschaftler ist, wird im Verlauf des Bildes mit den äußeren Zeichen seiner Macht bekleidet; dieser äußeren Veränderung entspricht sein Gesinnungswechsel im Fall Galilei. Zuerst protestiert er heftig gegen das Ansinnen, die ‚Rechentafel zerbrechen zu lassen‘, obschon er massivem Druck vieler Kirchenmitglieder ausgesetzt ist, Galilei den Prozeß zu machen. Doch durch eine Vielzahl rhetorisch geschickt verbundener Argumente versucht der Inquisitor, die Meinung des schweigenden Papstes zu ändern. Es gehe gar nicht um die Rechentafel, sondern darum, ob das Fundament der menschlichen Gesellschaft aus dem Glauben oder dem Zweifel bestehen solle. Er erinnert an persönliche Schmähungen des Papstes durch ‚diese Menschen‘, auch an die schwierige außenpolitische Lage. Das im Volk schon grassierende Interesse für Astronomie sei deshalb so gefährlich, weil die einfachen Leute, wenn sie sich einmal der Vernunft zu bedienen gelernt hätten, auch vor Wahrheiten anderer Art nicht zurückschreckten:

Widerstand des ‚Wissenschaftlers‘ Barberini

Bedenkliche Folgen der Vernunft der einfachen Leute

> „Sie möchten, erst einmal zweifelnd, ob die Sonne stillstand zu Gibeon, ihren schmutzigen Zweifel an den Kollekten üben.“ (S. 106)

Daß Galilei solches geradezu anstrebe, sehe man daran, daß er statt in Latein im ‚Idiom der Fischweiber und Wollhändler‘, d. h. in der Volkssprache schreibe.

Einwände des Papstes: ein Rückzugsgefecht

Der immer nervöser werdende Papst spürt, daß er den Zwängen seines Amtes nicht entkommen kann; er macht eine Reihe von Einwänden, die vom Inquisitor in der Sache nicht wirklich widerlegt werden, gerade deshalb eher wie ein Rückzugsgefecht wirken. Es sei doch unlogisch, die neuen Sternkarten zu erlauben, das Wissen aber, das diesen Karten zugrunde liege, zu verbieten. Gerade ein Prozeß gegen Galilei schade dem politischen Ansehen der Kurie. Auch habe er selber doch Galilei den Druck des neuen Buches erlaubt, da dieser sich an die Auflage gehalten habe, dem Glauben das letzte Wort zu überlassen. Erst jetzt, als er vom Inquisitor erfährt, daß Galilei diese Auflage durch eine List unterlaufen hat – Galilei hat die Worte des Glaubens dem ‚dummen' Dialog-Partner in den Mund gelegt – und er schon in vollem päpstlichen Ornat dasteht, erlaubt er, Galilei zumindest mit der Folter zu bedrohen.

logischer Einwand

politischer Einwand

rechtlicher Einwand

Das 12. Bild zeigt mit der Verwandlung des Wissenschaftlers Barberini in den obersten Vertreter der kirchlichen Macht Urban VIII. einen symbolischen Vorgang: die Bedeutsamkeit gesellschaftlicher Rollenerwartungen für das Handeln des einzelnen.

13. Bild: Galileo Galilei widerruft vor der Inquisition am 22. Juni 1633 seine Lehre von der Bewegung der Erde

Historische Bedeutung des Widerrufs

Das Epigramm unterstreicht die bis in die Gegenwart des Zuschauers reichende Bedeutung des Ereignisses und kommentiert das Dargestellte bitterironisch als ein Hervortreten der Vernunft, das allerdings nur einen Tag währt. Schauplatz ist, wie im 8. Bild, der Palast des florentinischen Gesandten in Rom. Die Schüler Galileis warten auf den Ausgang des Inquisitionsprozesses, während Virginia abseits der anderen kniet und betet. Während im 6. Bild Galileis Lehre auf dem Prüfstand war und die Vertreter der alten Zeit auf das Ergebnis warteten, ist nun Galilei selber Gegenstand der ‚Prüfung', und die Vertreter der neuen Zeit erwarten die Entscheidung. Sie wissen, daß sich die Diskussion zwischen Barberini und Galilei (7. Bild) nicht wiederholt hat. Die

Umkehrung der Situation des 6. Bildes

Spannung der Schüler wird unerträglich, als das Individuum aus dem 11. Bild den Wartenden mitteilt, Herr Galilei werde um fünf Uhr vor der Inquisition widerrufen, dazu werde die Glocke von Sankt Markus läuten. Als wenige Augenblicke nach fünf Uhr noch keine Glocke ertönt ist, löst sich die Spannung der Schüler in einem Jubelschrei „Er widerruft nicht!" Sie umarmen sich, der kleine Mönch kniet zu einem Dankgebet nieder; Andrea sieht in Galileis vermeintlichem Widerstand einen Beweis von historischer Bedeutung:

Spannungssteigerung

> „Also: es geht nicht mit Gewalt! Sie kann nicht alles! Also: die Torheit wird besiegt, sie ist nicht unverletzlich! Also: der Mensch fürchtet den Tod nicht." (S. 112)

Als endlich die Glocke ertönt, stehen die Schüler in regungslosem Entsetzen da; nur Virginias Gebete sind erhört worden. Von der Straße her hört man einen Ausrufer den Text des Widerrufs verlesen.
Nach einem kurzen Zeitsprung (Abblenden des Bühnenlichts, nur die Glocke tönt weiter) verharren die Schüler immer noch wie gebannt. Galilei, sichtbar von den Spuren des Prozesses gezeichnet, hört Andreas Satz: ‚Unglücklich das Land, das keine Helden hat' – und muß sich von Andrea beschimpfen lassen. Alles weitere spielt sich fast wortlos ab (Galilei wird kaum beachtet, die anderen kümmern sich um Andrea, dem körperlich übel geworden ist). Erst ganz zu Ende antwortet Galilei mit einem Satz, einer Antithese zur Äußerung Andreas:

Galileis Widerruf

> „Nein. Unglücklich das Land, das Helden nötig hat." (S. 114)

These und Antithese überlassen dem Zuschauer die Bewertung des Widerrufs. Da ist der Verrat Galileis an seinen eigenen Prinzipien, aber da ist auch die sichtbare Gewalt der Mächtigen.
Zum Abschluß des Bildes soll vor dem Vorhang ein kurzer Abschnitt aus Galileis Buch ‚Discorsi' verlesen werden, das er nach seinem Prozeß noch schreiben wird. Galilei vertritt dort die These, daß die kleineren Tiere widerstandsfähiger seien als die größeren. Wenn dies auch wie eine vernünftige Erklä-

These und Antithese: Der Zuschauer muß Galileis Verhalten bewerten

rung des Versagens des ‚großen' Galilei anmutet, so bleibt doch zu bedenken, daß Galilei selber Urheber dieser Erklärung ist.

14. Bild: 1633–1642, Galilei lebt in einem Landhaus in der Nähe von Florenz, bis zu seinem Tod ein Gefangener der Inquisition. Die „Discorsi"

Galileis anhaltender Forscherdrang

Der alte und fast erblindete Galilei beschäftigt sich immer noch mit physikalischen Experimenten. Mit einem Holzball untersucht er die Beschleunigung von Körpern auf schiefen Ebenen. Ein Bauer gibt zwei gerupfte Gänse ab, ohne den Namen des Spenders zu nennen. Galilei möchte sofort etwas davon essen, obschon er gerade erst zu Abend gegessen hat.

Umfassende Kontrolle durch die Inquisition

Alles in diesem Hause steht unter der Aufsicht der Inquisition: die Kontrolle des Geschenks durch den im Vorraum Wache haltenden Mönch; wissenschaftliche Manuskripte müssen abgeliefert werden. Die Kirche möchte auch Galileis Überzeugungen unter Kontrolle behalten. Er muß jede Woche einen Brief an den Erzbischof schreiben, in dem er vorgegebene Bibel-Zitate zu kommentieren hat, um den Stand seiner Reue erkennbar werden zu lassen. Virginia, mittlerweile 40 Jahre alt, die Galilei wie ein hilfloses Kind behandelt (‚Und jetzt denken wir an unsre Augen und hören schnell auf mit dem Ball'), nötigt ihren widerstrebenden Vater, an diesem Brief weiterzuarbeiten. Erwartet werden offenbar politische Wohlverhaltenserklärungen in theologischem Gewand.

Rhetorische Bußübungen des ‚reuigen' Sünders

So erteilt Galilei der Auffassung des Kardinals Spoletti, den aus Hunger rebellischen Seilern aus ‚Nächstenliebe' Suppen statt gerechte Bezahlung ihrer Waren anzubieten, seinen Segen durch ein Zitat des Apostels Paulus. Das Paulus-Wort „Auf daß ihr begreifen möget, daß Christus liebhaben viel besser ist denn alles Wissen" kommentiert er durch eine boshaft-hintersinnige Rechtfertigung seines früheren Verhaltens, auf das das Zitat deutlich anspielt. Seine Ironie läuft jedoch leer, da sie ja von seinem Briefpartner nicht bemerkt werden darf und soll.

Diesen alten Mann besucht nun Andrea Sarti. Er

kommt auf der Durchreise nach Amsterdam nur, wie er betont, auf Wunsch ehemaliger Freunde. Seine Verachtung für den einstmals bewunderten Lehrer ist deutlich spürbar. Die Unterredung zwischen beiden erhält zudem durch die Anwesenheit Virginias den Charakter des Gezwungenen, Unaufrichtigen. Galilei, der auch vor seiner Tochter den reuigen Sünder zu spielen gelernt hat, möchte wissen, wie es um die Wissenschaft draußen steht, kleidet diese Frage jedoch in die Hoffnung, auch andere Wissenschaftler möchten durch seinen Widerruf dazu bewogen worden sein, ‚die Bahn des Irrtums zu verlassen'.

Andrea begegnet dem ‚Verräter' Galilei

Andrea berichtet nicht nur von den Schwierigkeiten der Wissenschaftler (die Schüler Galileis hätten die Forschung aufgegeben, Descartes sein neuestes Buch nicht zu veröffentlichen gewagt), sondern betont auch Galileis Schuld an dieser Entwicklung.

Die Folgen des Widerrufs

Nachdem Virginia das Zimmer verlassen hat, gewinnt das Gespräch einen offeneren Charakter. Galilei teilt Andrea mit, er habe sein Hauptwerk, die ‚Discorsi', zu Ende geschrieben. Das Original habe er zwar den Mönchen ausliefern müssen, aber er habe – aus purer Eitelkeit, wie er betont – eine Abschrift angefertigt, die er Andrea hervorholen läßt. Andrea ändert sofort seine Einschätzung von Galileis Widerruf:

Galilei hat die ‚Discorsi' vollendet

> „Dies ändert alles! Alles." – „Sie versteckten die Wahrheit. Vor dem Feind. Auch auf dem Felde der Ethik waren Sie uns um Jahrhunderte voraus." (S. 122)

Nicht ohne Genugtuung über den Sinneswandel seines Schülers bittet Galilei Andrea, diese neue Einschätzung zu begründen. Andrea stellt seinen ehemaligen Lehrer nunmehr als einen Mann dar, der nur widerrufen hat, um unter schwierigen politischen Bedingungen sein bahnbrechendes Lebenswerk vollenden zu können. Galilei widerspricht jedoch dieser Einschätzung energisch. Er habe nur aus Angst vor der Folter abgeschworen.

Der Widerruf: eine taktische Maßnahme?

Grund für Galileis Widerruf: Angst

Andrea versucht, dieses Eingeständnis der Schwäche herunterzuspielen: Nur die wissenschaftliche Leistung zähle, nicht die Motive des Wissenschaftlers oder die gesellschaftlichen Umstände seines

Forschens. Diese Auffassung widerspricht jedoch allzu offenkundig den früheren Einsichten Galileis in die gesellschaftliche Verantwortlichkeit der Wissenschaft. Deshalb sieht Galilei sich nun aufgefordert, seine Auffassung von der Ethik des Wissenschaftlers darzulegen. Wissenschaft sei durch ihre Methode des kritischen Zweifels an überlieferten Wahrheiten auch ein Instrument der Kritik an überlieferten Herrschaftsstrukturen. Hieraus ergebe sich für den Wissenschaftler die Verpflichtung, sein Wissen auch in den Dienst derjenigen zu stellen, deren Unwissenheit die ungerechten sozialen Verhältnisse am Leben erhalte. Sollten jedoch die Wissenschaftler nicht ihr einziges Ziel darin sehen, ‚die Mühseligkeit der menschlichen Existenz zu erleichtern', sondern nur Wissen um des Wissens willen anhäufen, sich dabei gar in den Dienst ‚selbstsüchtiger Machthaber' stellen, dann könne eines Tages die Kluft zwischen ihnen und der Masse der Menschen so groß werden, daß ihr „Jubelschrei über irgendeine neue Errungenschaft von einem universalen Entsetzensschrei beantwortet werden könnte." (S. 126) Nach diesen Maßstäben habe er, Galilei, versagt. Da er aus persönlicher Schwäche seine historische Chance vertan habe, könne er sich nicht mehr als Wissenschaftler betrachten.

Ethos des Wissenschaftlers: Gesellschaftliche/soziale Verantwortung

Galileis Versagen gegenüber den eigenen Ansprüchen

Während Galilei sich zum Essen setzt, verabschiedet sich Andrea, die ‚Discorsi' unter dem Rock. Galilei hat zwar lakonisch eingestanden, daß er immer noch daran glaube, eine neue Zeit sei heraufgekommen, aber der Schluß des Bildes macht deutlich, daß die Person Galilei für diese neue Zeit nicht mehr zur Verfügung steht. Nachdem Virginia Andrea hinausbegleitet hat, kommt sie zurück und antwortet auf die Frage, wie die Nacht sei: „Hell." Im 3. Bild sind diese Worte mit vertauschten Rollen gesprochen worden. Dieser Kunstgriff verdeutlicht den Gegensatz beider Bilder: dem Entdecker Galilei mit seinem unbändigen Glauben an die neue Zeit steht der pessimistisch in die Zukunft schauende alte Galilei gegenüber. Auch das Verhältnis Galileis zu seiner Tochter hat sich ins Gegenteil verkehrt. Virginia, über die sich Galilei wegen ihrer mangelnden Intelligenz früher achtlos hinweggesetzt hatte, hat

Kontrast zum Anfang des Stücks

Galileis fromme Tochter hat die Oberhand gewonnen

ihren Vater nun im Dienste der Inquisition zu ihrem hilflosen Schützling gemacht.

15. Bild: 1637. Galileis Buch „Discorsi" überschreitet die italienische Grenze

Das Epigramm parodiert eine überlieferte Form religiöser Dichtung, die den Menschen angesichts seiner Sterblichkeit dazu ermahnt, Gottes Geboten zu folgen. Bei Brecht ist das ,End' nicht das Ende des persönlichen Lebens, sondern das Ende der Menschheit, die ,der Wissenschaften Licht' nicht zu hüten weiß. Auch die ,historische Schuld' Galileis klingt an in den Versen:

Galileis ,historische Schuld'

> „Das Wissen flüchtet über die Grenz.
> Wir, die wissensdurstig sind
> Er und ich, wir blieben dahint'" (S. 128)

Das letzte Bild spielt wie das erste am frühen Morgen. Andrea wartet am Schlagbaum, um die Grenze überschreiten zu können. Kinder spielen in der Nähe und singen ein Lied, das ,praktischen Optimismus' verrät (auch ein verschissenes Hemdelein kann noch zu was nützen). Zwei kleine Jungen warnen Andrea vor einer Hexe. Ein dritter Junge glaubt nicht an Hexerei. Ironischerweise ist dieser ,aufgeklärte' Junge derjenige, der wegen seiner Armut nicht in die Schule gehen kann. Noch einmal wird in dieser kleinen Episode Galileis ursprünglicher Glaube an die praktische Vernunft der einfachen Leute, aber auch seine Erfahrung der Dummheit der Gebildeten gespiegelt. Dasselbe wiederholt sich im Verhalten der Grenzwächter. Der Schreiber, der schon durch seine Berufsbezeichnung einen gewissen Grad der formalen Bildung verrät, hält es immerhin für möglich, daß die Kiste, die er gerade kontrollieren will, von der ,Hexe' stammt. Der andere Grenzwächter jedoch, der offensichtlich nicht lesen und schreiben kann, hält das für Unsinn. Daß er dann doch auf die Kontrolle der Bücherkiste verzichtet, hat ganz handfeste Gründe. 34 Bücher zu kontrollieren ist für die Zöllner, die ihr Einkommen durch den Wegzoll aufbessern müssen, einfach unrentabel.

Praktische Vernunft der Ungebildeten

Dummheit der Gebildeten

Andreas erfolgreiche List

Andreas List, das entscheidende Manuskript ganz offen in der Hand zu behalten, ist erfolgreich. Er kann unbehelligt die Grenze passieren. Schon jenseits der Grenze belehrt er die Jungen, nicht der Teufel, sondern er selber habe die Kiste mitgenommen. Er beantwortet auch die Frage des ‚aufgeklärten' Jungen, ob es möglich sei, durch die Luft zu fliegen.

Andrea als Lehrer des ‚vernünftigen Sehens'

Nur mit einer Maschine könne man dies vielleicht eines Tages tun, aber ob dies je möglich sein werde, wisse man nicht:

> „Wir wissen bei weitem nicht genug. Wir stehen wirklich erst am Beginn." (S. 131)

Verhaltener Optimismus am Ende des Stücks

Während das 1. Bild von Galileis unbändigem Glauben an den Beginn einer neuen Zeit geprägt war, endet das Stück in einem Ton des verhaltenen Optimismus. Andrea hat jetzt die Rolle seines Lehrers übernommen, so wenn er sagt:

> „Du mußt lernen, die Augen aufzumachen." (S. 131)

Zentrale thematische Aspekte

Vielfalt thematischer Aspekte des Stücks

Die Handlung des Stückes orientiert sich in ihrem Aufbau, ihrem Charakter als Chronik und in ihrer Spannungskurve an der Lebensgeschichte Galileo Galileis. Thema des Stücks ist – so läßt sich vermuten – der historische Konflikt zwischen Galileo Galilei und der Kirche um die Auslegung der Astronomie des Kopernikus. In Wahrheit ist dies jedoch nur ein Aspekt, gleichsam der historisch-thematische. Denn das Stück handelt nicht nur von den historischen Ereignissen selbst, sondern auch von deren Bedeutsamkeit für die Geschichte der Wissenschaft, und von der Bedeutsamkeit der Wissenschaft für die Geschichte der Menschheit sowie von der Verantwortung des Wissenschaftlers für sein Tun. Besonders die zahlreichen Reflexionsdialoge des Stückes sind es, die in ihrem Kontrast zu der eigentlichen Handlung des Dramas diese weiterführenden thematischen Aspekte der Deutung des Zuschauers aufschließen.

Konflikt von Wissenschaft und Religion

Historischer Aspekt: Der Streit um das wahre Weltbild

Der Konflikt zwischen Galilei und der Kirche wird geistesgeschichtlich verstanden als Auseinandersetzung des naturwissenschaftlichen Weltbildes mit dem christlichen Weltbild des Mittelalters. Dieser ‚Kampf um das richtige Weltbild' bildet auch den thematischen Hintergrund des Stücks. Zu Anfang des 1. Bildes führt Galilei dem kleinen Andrea (und dem Zuschauer) die traditionelle Lehre des Ptolemäus von der Mittelpunktstellung der Erde mit den umlaufenden Planeten an einem Modell vor Augen. Die physikalisch-metaphysische Lehre des Aristoteles von der Ungleichartigkeit irdischer und himmlischer Materie wird zu Anfang des 3. Bildes von Ga-

Mittelalterliches/ christliches Weltbild

lilei durch die Entdeckung der Gleichartigkeit von Erde und Mond widerlegt. Das mittelalterliche Weltbild dient nicht nur der rationalen Erklärung der Natur, sondern definiert auch die Stellung des Menschen in der göttlichen Schöpfungsordnung. So sagt der sehr alte Kardinal im 6. Bild:

Das mittelalterliche Weltbild als theologische Spekulation

> „Ich bin nicht irgendein Wesen auf irgendeinem Gestirnchen, das für kurze Zeit irgendwo kreist. Ich gehe auf einer festen Erde, in sicherem Schritt, sie ruht, sie ist der Mittelpunkt des Alls und das Auge des Schöpfers ruht auf mir und auf mir allein." (S. 62)

So spricht der kleine Mönch im 8. Bild von dem ‚Welttheater', das um die Menschen, die ‚Agierenden', „aufgebaut ist, (damit sie) in ihren großen und kleinen Rollen sich bewähren können." (S. 76)

Neues Weltbild stellt religiöse Weltordnung in Frage

Die neue Kopernikanische Kosmologie, nach der die Erde nicht mehr als Mittelpunkt des Universums gelten kann und deren Wahrheit Galilei im 3. Bild durch seine Beobachtungen bestätigt, gewinnt ihre Sprengkraft dadurch, daß durch sie auch die traditionelle religiöse Weltordnung in Frage gestellt ist. Nach Pater Clavius sind die Theologen gefragt, um die Himmelskreise wieder einzurenken (6. Bild, S. 63). Ebenso wie seine Kontrahenten setzt Galilei ohne weiteres den ‚Himmel der Astronomen' mit dem ‚Himmel der Theologen' gleich. Schon im 1. Bild sagt er: „Die Himmel, hat es sich herausgestellt, sind leer" (S. 10), und nach seinen aufsehenerregenden Beobachtungen zu Anfang des 3. Bildes stellt er fest: „Die Menschheit trägt in ihr Journal ein: Himmel abgeschafft." (S. 28)

‚Himmel des Astronomen' = ‚Himmel der Theologen'

Das neue Weltbild läßt keinen Raum mehr für ein wirklich existierendes göttliches Wesen:

Die reale Existenz Gottes wird fraglich

SAGREDO Und wo ist dann Gott?
GALILEI Was meinst du damit?
SAGREDO Gott! Wo ist Gott!
GALILEI (zornig) Dort nicht! So wenig wie er hier auf der Erde zu finden ist, wenn dort Wesen sind und ihn hier suchen sollten!
SAGREDO Und wo ist also Gott?
GALILEI Bin ich Theologe? Ich bin Mathematiker.

Sagredo Vor allen Dingen bist du ein Mensch. Und ich frage dich, wo ist Gott in deinem Weltsystem?
Galilei In uns oder nirgends! (S. 33)

Im Gegensatz zu Sagredo oder dem kleinen Mönch ist Galilei von solchen theologischen Konsequenzen seiner Forschungen nicht beunruhigt. Sein eigener Glaube an die Vernunft des Menschen ist von der Existenz oder Nicht-Existenz Gottes einfach nicht berührt.

Altes Wissen: Rechtfertigung durch Autorität

Altes und neues Wissen unterscheiden sich radikal durch Methode und Art der Rechtfertigung der Wahrheit. Das alte Wissen ist ein grundsätzlich durch Autorität zu beglaubigendes Wissen. Oberste Autorität ist dabei die Bibel, deren gültige Auslegung durch die „Theologen der Heiligen Kirche" zu erfolgen hat (S. 68). Wie am Verhalten des sehr dünnen Mönchs im 6. Bild deutlich wird, hat diese Auslegung so zu erfolgen, daß jedes theoretische Wissen über die Natur in letzter Konsequenz mit dem Wortlaut der Schrift übereinstimmen muß. Methode des alten Wissens ist der Versuch, mit Hilfe philosophischer Argumente – und hier liegt der Ursprung der Autorität des Aristoteles – die Vernünftigkeit und Notwendigkeit der biblischen Wahrheit aufzuweisen. Die absurden Konsequenzen eines solchen Denkens auf dem Felde der Wissenschaft werden im Verhalten der Hofgelehrten im 4. Bild sichtbar.

Methode: Nachweis der Vernünftigkeit der biblischen Wahrheit

Neues Wissen: Vernünftige Begründung beobachtbarer Tatsachen

Das neue Wissen gründet sich, wie das 3. und 9. Bild zeigen, auf empirischen Beobachtungen. Auch das neue Wissen bedient sich rationaler Methoden, allerdings nicht, um theologische Glaubenslehren zu stützen, sondern um eine vernünftige Erklärung für die beobachteten Naturtatsachen zu finden.

Rechtfertigung durch empirische Beweise

Der entscheidende Unterschied zum alten Wissen besteht in der grundsätzlichen Skepsis gegenüber allen Behauptungen, die nur durch Autorität gerechtfertigt sind. Eine These ist nicht deshalb wahr, weil sie von einer „anerkannten Autorität" (S. 48) stammt, sondern weil sie durch ein vernünftiges Verfahren, etwa – wie das 9. Bild am Beispiel der schwimmenden Körper demonstriert – durch ein wissenschaftliches Experiment bewiesen werden kann. Bei (noch) nicht überprüfbaren Annahmen werden solche bevorzugt, die am ehesten den Gesetzen der Denkökonomie genügen, nicht solche, die am ehesten die Weltordnung der Theologen zu stützen imstande sind. So sagt Galilei:

> „Die alten Lehren, die tausend Jahre geglaubt wurden, sind ganz baufällig, an diesen riesigen Gebäuden ist weniger Holz als an den Stützen, die sie halten sollen. Viele Gesetze, die weniges erklären, während die neue Hypothese wenige Gesetze hat, die vieles erklären." (S. 21)

Glaube und Zweifel als einander ausschließende Wege zum Wissen

Der Gegensatz von altem und neuem Weltbild wird so zu einem Konflikt zwischen Glauben und vernünftigem Zweifel als einander ausschließende Wege des Menschen, Wahrheit und Wissen zu erlangen. „... wo der Glaube tausend Jahre gesessen hat, eben da sitzt jetzt der Zweifel" (S. 9) sagt Galilei schon zu Anfang, und ähnlich stellt der Inquisitor im 12. Bild die Frage:

> „Sollen wir die menschliche Gesellschaft auf den Zweifel begründen und nicht mehr auf den Glauben?" (S. 105)

Politisch-gesellschaftliche Bedingungen der Wissenschaft

Materialistisch-gesellschaftliche Deutung des Konflikts

Der Konflikt zwischen altem und neuem Wissen erfährt im Drama durchgehend eine gesellschaftlich-politische Deutung. Wenn Galilei im 8. Bild dem kleinen Mönch zugesteht: „Sie haben recht, es handelt sich nicht um die Planeten, sondern um die Campagnabauern" (S. 77), dann gilt dies gleichsam für das ganze Drama. Das Stück stellt die historischen Ereignisse im Lichte einer materialistischen Geschichtsbetrachtung dar. Es thematisiert nicht nur den Streit zwischen den Vertretern des alten und neuen Wissens, sondern auch die gesellschaftlich-politischen Hintergründe des Streits als dessen wahren und eigentlichen Charakter. Unter diesem Aspekt gewinnen die zahlreichen Reflexionsgespräche des Stücks eine wichtige dramaturgische Funktion, diejenige der Ideologiekritik. Das bedeutet: Das Selbstverständnis der historischen Figuren wird durch zahlreiche Äußerungen der Bühnenfiguren als historisch falsch, als Ausdruck einer wahre Absichten verschleiernden Weltanschauung (Ideologie) entlarvt.

Ideologiekritische Funktion der Reflexionsgespräche

Die neue Wissenschaft erscheint als Mittel des technischen und des gesellschaftlichen Fortschritts. Sie ermöglicht den Bau neuartiger Maschinen, die die ‚Lebensqualität' wirkungsvoller zu verbessern in der Lage sind als die Tröstungen der Religion.

Wissenschaft als Mittel des technischen und gesellschaftlichen Fortschritts

> „Mit den Maschinen wollen sie Wunder tun. Was für welche? Gott brauchen sie jedenfalls nicht mehr" (S. 106f.)

sagt der Inquisitor im 12. Bild.
Sie stellt aber auch die bestehende gesellschaftliche Ordnung in Frage. Dies klingt schon in Galileis Rede von der neuen Zeit im 1. Bild ganz deutlich an. Für die einfachen Leute ist die bestehende ständische Gesellschaftsordnung eine Ordnung der „leeren Lade" (S. 76). Ihr Leben ist, wie der kleine Mönch im 8. Bild einfühlsam beschreibt, von Armut und Entbehrungen geprägt, da die Früchte ihrer Arbeit den Herren und deren machtpolitischen Zwecken zufallen. Das durch den Glauben geprägte Weltbild erscheint vor diesem Hintergrund als „perlmutterne(r) Dunst von Aberglauben und alten Wörtern ..., welcher die Machinationen dieser Leute ⟨d. i. der Mächtigen⟩ verdeckt." (S. 124f.)

Ungerechtigkeit der bestehenden Gesellschaftsordnung

Religiöse Verbrämung des Unrechts

Die neue Wissenschaft untergräbt mit ihren Ergebnissen das theologische Fundament der bestehenden Gesellschaftsordnung. Zudem stellt sie durch ihre Methode des Zweifels ein Instrument bereit, das auch zur kritischen Analyse der Gesellschaft genutzt werden kann. Der alte Galilei stellt diesen Zusammenhang rückblickend heraus:

Methodischer Zweifel als Mittel der Gesellschaftskritik

> „Unsere neue Kunst des Zweifelns entzückte das große Publikum. Es riß uns das Teleskop aus der Hand und richtete es auf seine Peiniger." (S. 125)

Der ‚kritische' Geist der Wissenschaft trägt Früchte

Dieser Geist beginnt schon bald Früchte zu tragen. Bereits im 4. Bild sagt Galilei:

> „Eure Hoheit. In diesen Nächten werden über ganz Italien Fernrohre auf den Himmel gerichtet. Die Monde des Jupiters verbilligen nicht die Milch. Aber sie wurden nie gesehen, und es gibt sie doch. Daraus zieht der Mann auf der Straße den Schluß, daß es noch mehr geben könnte, wenn er nur seine Augen aufmachte. (. . .) Es sind nicht die Bewegungen einiger entfernter Gestirne, die Italien aufhorchen machen, sondern die Kunde, daß für unerschütterlich angesehene Lehren ins Wanken gekommen sind, und jedermann weiß, daß es deren zu viele gibt." (S. 49)

In der Karnevalsszene des 10. Bildes erscheint Galilei als Held des einfachen Volkes, während Obrigkeit und geistliche Herrn verspottet werden. Wie selbstverständlich stellt der Balladensänger die Analogie zwischen kosmischer und gesellschaftlicher Ordnung her.

Reaktionen der Mächtigen auf die Wissenschaft

Bürgertum/Republik: Fortschritt = Möglichkeit höherer Profite

Grundbesitzer: Wissenschaft geduldet als Gegenstand der Konversation

Galilei trifft sowohl auf Vertreter verschiedener besitzender Schichten (Feudalherren, Bürgerliche) als auch auf Repräsentanten verschiedener politischer Systeme (Republik, Fürstentümer). Für sie stellt die neue Wissenschaft eine entschiedene Herausforderung dar. Ihre teilweise unterschiedlichen Reaktionen darauf lassen auch unterschiedliche Interessenlagen erkennbar werden. Für die bürgerliche Schicht ist die Wissenschaft durchaus Mittel des Fortschritts (VANNI Ich stehe und falle mit Männern wie Sie, Herr Galilei, S. 101). Sie verspricht sich nicht nur technischen Fortschritt, der durch eine Verbesserung der Produktionsmittel zugleich eine Erhöhung des Profits verheißt, sondern auch die Erringung bürgerlicher Freiheiten wie Freihandel und Gewerbefreiheit (VANNI Hier haben wir nicht einmal die Freiheit, Geld zu machen, S. 100). In einer republikanischen Staatsform jedoch behält die Wissenschaft bloßen Warenwert (PRIULI Skudi wert ist nur, was Skudi bringt, S. 18). Der reaktionären Schicht der Großgrundbesitzer dient sie lediglich als zeitgemäß-modischer Inhalt gesellschaftlich erforderlicher Konversation (LUDOVICO Die Mutter meint, ein wenig Wissenschaft ist nötig. Alle Welt nimmt ihren

Wein heutzutage mit Wissenschaft . . ., S. 15). Gesellschaftskritische Tendenzen stoßen aber, wie Ludovicos Verhalten im 9. Bild deutlich macht, auf erbitterten Widerstand.

Großherzog als Erfüllungsgehilfe der Kirche

Vielschichtiger ist die Reaktion der geistlichen Gewalt, unter deren Vorherrschaft offenbar auch die weltlichen Fürsten stehen; denn widerstandslos liefert der Großherzog seinen Untertan und langjährigen Hofmathematiker an die Inquisition aus. Die Kirche erscheint in ihren führenden Repräsentanten als politisch-gesellschaftliche Macht; diese Rolle bestimmt auch ihr Verhältnis zur Wissenschaft. Dabei erscheint sie keineswegs als ausschließlich wissenschaftsfeindlich. P. Clavius, der ‚größte lebende Astronom', bestätigt im 6. Bild Galileis Entdeckungen, die Kardinäle Bellarmin und Barberini sind selber wissenschaftlich gebildet. Aus materiellen Interessen ist selbst der Inquisitor im 12. Bild bereit, die neuen Sternkarten zuzulassen; ein ‚bißchen Wissenschaft und Technik' muß schon deshalb sein, damit die reichen oberitalienischen Städte nicht die Autorität des Papstes in Frage stellen.

Die Kirche als politische Macht: Förderung der Wissenschaft aus materiellen Interessen

Andererseits endet die Toleranz da, wo der Streit um das wahre Weltbild Zweifel an der gesellschaftlichen Ordnung und der politischen Macht der Kirche wecken könnte. Diesen machtpolitischen Hintergrund des Dekrets gegen die Kopernikanische Lehre geben die Kirchenfürsten im 7. Bild zu erkennen. Auch der ‚Prozeß Galilei' war, das zeigt das Gespräch Urbans VIII. mit dem Inquisitor und die Verwandlung des Wissenschaftlers Barberini zum obersten kirchlichen Amtsträger im 12. Bild, eine Demonstration politischer Macht. Es war – durch Galileis Widerruf begünstigt – letztlich der erfolgreiche Versuch, eine durch die neue Wissenschaft heraufbeschworene revolutionäre Situation im Keim zu ersticken.

Verbot der Wissenschaft aus machtpolitischen Interessen

Das Ethos des Wissenschaftlers

Galilei verurteilt sein Verhalten als Verrat an seinem Beruf

Im 14. Bild rechnet Galilei in einer ‚mörderischen Analyse' mit seinem eigenen Verhalten ab. Sein vernichtendes Resultat lautet:

> „Ich habe meinen Beruf verraten. Ein Mensch, der das tut, was ich getan habe, kann in den Reihen der Wissenschaftler nicht geduldet werden." (S. 126)

Was ist der ‚Beruf' des Wissenschaftler?

Die Wahrheit zu finden und sein Wissen weiterzusagen?

Galilei verurteilt sein eigenes Verhalten im Lichte einer sittlich-gesellschaftlichen Verantwortung, die ihm sein Beruf als Wissenschaftler auferlegt. Worin genau besteht nun diese Verantwortung und worin der Verrat Galileis? Die Antwort des Stückes zu diesem Thema ist sehr komplex und nicht ganz frei von Widersprüchen. Schon vom 1. Bild an erscheint die Wissenschaft mit der Idee des gesellschaftlichen Fortschrittes verbunden (Galileis Rede auf die neue Zeit, S. 8–10). Damit wäre aber doch jede wissenschaftliche Entdeckung und jedes Aussprechen einer objektiven Wahrheit eine fortschrittliche und damit auch gebotene Handlung. Wenn Galilei im 9. Bild zu seinem ehemaligen Schüler Mutius sagt: „... wer sie [die Wahrheit] weiß und sie eine Lüge nennt, der ist ein Verbrecher!" (S. 81), dann hat er damit anscheinend schon das Urteil über sein eigenes Verhalten vorweggenommen; denn genau dies hat er doch und zudem noch in aller Förmlichkeit in seinem Widerruf selber getan. Andererseits hat ihn sein Widerruf auch in den Stand gesetzt, die ‚Discorsi' zu schreiben, ein Werk, dessen fortschrittlicher und zukunftweisender Charakter im letzten Bild anklingt. Galileis Handeln ließe sich demnach, wie Andrea dies im 14. Bild versucht, auch als Täuschungsmanöver bewerten:

> „Sie versteckten die Wahrheit. Vor dem Feind. Auch auf dem Felde der Ethik waren Sie uns um Jahrhunderte voraus." (S. 122)

Der alte Galilei weist diese Deutung seines Widerrufs entschieden zurück und relativiert damit die anfangs von ihm behauptete Einheit von Wissenschaft und Fortschritt. Nicht darin liegt jedoch seine Schuld, daß er mit seinem Widerruf keinen wohlüberlegten Plan verfolgte und nur aus Angst abschwor, sondern darin, daß sein Verhalten sich als sozialer Verrat darstellt. Immer wieder zeigt das Stück einen Galilei, der um die theoretisch-gesellschaftliche Doppelnatur der Wahrheit weiß. Im Gespräch mit dem kleinen Mönch wird deutlich, daß er den wahren, reaktionär-politischen Charakter des Edikts gegen die Kopernikaner kennt. (S. 77) Er weiß, daß das Wissen auf der Seite derjenigen sein muß, „die das Brot machen", nicht bei denjenigen, „die das Brot nur auf dem Tische sehen" (S. 92). Später jedoch, im 11. Bild, will er diese soziale Dimension des Wissens nicht mehr wahrhaben. Er versucht mit seinem Rückzug auf das Gebiet des ‚wertfreien' reinen Wissens seiner sozialen Verantwortung zu entkommen. Die Gründe für dieses Verhalten, die den Vorwurf des objektiven Verrats nicht entkräften können, liegen in seiner epikuräischen, sinnenfreudigen Natur, wie er schon im 8. Bild andeutet:

Die Wahrheit zu sagen, um die gesellschaftliche Bedeutung seines Wissens nicht zu verraten?

> „Würde ich mich zum Schweigen bereit finden, wären es zweifellos recht niedrige Beweggründe; Wohlleben, keine Verfolgung etc." (S. 77)

Warum aber hat der ‚soziale Verräter' auch seinen Beruf verraten? Der alte Galilei begründet diese Auffassung durch eine dialektische Argumentation über die gesellschaftliche Natur des Wissens. Die Wissenschaft sei ein ‚Handel' mit Wissen, „gewonnen durch Zweifel". Deshalb müsse sie, wenn sie gedeihen wolle, versuchen, ihre ‚Abnehmer', also möglichst alle Menschen, zu Zweiflern zu machen. Der Zweifel richte sich aber sowohl auf die Ordnung der Natur als auch auf die Ordnung der Gesellschaft. Werde nun die gesellschaftliche Seite des Zweifels unterschlagen, dann bleibe die Methode des Wissens unvollkommen. Ihrer gesellschaftlichen Aufgabe ledig, vermag die Wissenschaft auch der Erkenntnis und Beherrschung der Natur nicht zu dienen. Wahrer wissenschaftlich-technischer Fortschritt sei ohne gesellschaftlich-sozialen Fortschritt nicht möglich. Wenn die Wissenschaftler ihr ganzes Tun

Mit dem wissenschaftlich-technischen Fortschritt zugleich den gesellschaftlichen Fortschritt zu bewirken?

nicht an der – auch gesellschaftlich-politisch zu verstehenden – ‚Erleichterung der Mühseligkeit der menschlichen Existenz' ausrichten, dann, so sieht der alte Galilei voraus, wird eines Tages vielleicht der Jubelschrei der Wissenschaftler „über irgendeine neue Errungenschaft von einem universalen Entsetzensschrei beantwortet werden ..." (S. 125f.)

Galileis Schuld

Diese Sicht der Dinge macht auch den Charakter der Schuld Galileis deutlich, wie er sich jetzt darstellt. Galilei wirft sich selbst vor (S. 126), er habe in einer einzigartigen historischen Situation, in der die Astronomie und damit das vom Zweifel geprägte Denken weite Verbreitung im Volk gefunden habe, versagt; denn seine Standhaftigkeit hätte ‚große Erschütterungen' hervorrufen können. Statt durch seinen Widerstand dem sozialen Fortschritt zu dienen, habe er sein Wissen den Herren für deren Zwecke zur Verfügung gestellt. Galileis Schuld bestand also nicht in erster Linie darin, die wissenschaftliche Wahrheit öffentlich ‚eine Lüge' genannt zu haben, sondern vielmehr darin, daß er durch seinen Widerruf die historische ‚Berufung' des Wissenschaftlers verraten hat, die darin besteht, sein ganzes Tun und Lassen an der Verbesserung der irdischen Dinge zu orientieren.

Von der großen Verantwortung des Wissenschaftlers

Der alte Galilei (und wohl mit ihm auch der Autor Brecht) bürdet dem Wissenschaftler eine große Verantwortung auf. Schon im 8. Bild hat Galilei die Auffassung, die Wahrheit werde sich auch ohne das Zutun der Wissenden durchsetzen, mit den emphatischen Worten zurückgewiesen:

> „Nein, nein, nein. Es setzt sich nur so viel Wahrheit durch, als wir durchsetzen." (S. 78)

Die historische Verantwortung des Wissenschaftlers erhält aber ihr entscheidendes Gewicht im 14. Bild, wo Galilei den ‚Beruf' des Wissenschaftlers und seine historische Aufgabe konsequent aus der theoretisch-gesellschaftlichen Doppelnatur des Wissens ableitet. Diese Auffassung nimmt ja auch seine anfängliche Zuversicht zurück, Wissenschaft als solche bedeute schon sozialen und menschlichen Fortschritt. Jetzt, so scheint es, liegt die fortschrittliche Seite des Wissens ganz in der Verantwortung der

Wissenschaftler. Mehr als andere Menschen muß der Wissenschaftler über Einsichten in zeitübergreifende politisch-historische Zusammenhänge verfügen, an denen er sein Handeln ausrichten soll, und ungeachtet aller persönlichen Gefahren und äußeren Zwängen muß er bestrebt sein, die gesellschaftliche Kontrolle über sein Wissen, dessen Folgen nur er abzuschätzen vermag, zu bewahren. Der Zuschauer mag sich fragen, ob ein solches Ansinnen, das der alte Galilei (und mit ihm der Autor Brecht) an den Wissenschaftler richtet, zumutbar, ja ob es überhaupt möglich oder wünschenswert sein kann.

Historische Grundlagen des Dramas

Italien im 17. Jahrhundert

Italien als ‚verspätete' Nation

Italien gehört wie Deutschland zu den verspäteten Nationen Europas, die ihre politische und staatliche Einheit erst in der zweiten Hälfte des 19. Jahrhunderts erreichen konnten. Zur Zeit Galileis gab es in den Grenzen des heutigen Italien eine Vielzahl unabhängiger Staatswesen, deren Verfassungen unterschiedlichen Traditionen entsprungen waren. Auf der einen Seite hatten sich ‚republikanische Staatswesen' erhalten, deren stadtstaatliche Anfänge in das frühe Mittelalter zurückreichten (Venedig, Genua, San Marino, Lucca). Die bedeutendste Republik war zu Anfang des 17. Jahrhunderts immer noch Venedig, das damals die politische Souveränität über weite Landstriche und zahlreiche Städte Oberitaliens (Friaul, Padua, Vicenza, Verona, Brescia, Bergamo) ausübte. Venedig war jedoch, wie die anderen Republiken, keine Demokratie im heutigen Verständnis. Die politische Macht wurde ausschließlich von den männlichen Vertretern weniger begüterter Familien (Patrizier, etwa 0,1 % der Gesamtbevölkerung) ausgeübt, deren Reichtum aus dem seit dem Mittelalter blühenden Handel und Gewerbe stammte. Daneben gab es eine Reihe von Fürstentümern. Die dort souverän regierenden Adelsfamilien (die Gonzaga in Mantua, die Farnese in Parma, die d'Este in Modena und die Medici als Großherzöge der Toskana in Florenz) stammten meist auch aus dem ‚bürgerlichen' Patriziat ihrer Heimatstädte; der Fürstenstaat hatte in Italien jedoch eine vergleichsweise kurze Tradition (in Florenz erst seit 1530). Eine Sonderstellung nahm hier der Kirchenstaat mit dem Papst als zugleich weltlichem und geistlichem Oberhaupt ein, dessen Geschichte bis in das frühe Mittelalter zurückreicht. Obschon das Italien des 17. Jahrhunderts immer noch kultu-

Republikanische Staatswesen mit altehrwürdigen Traditionen

Die Fürstenstaaten und ihre kurze historische Tradition

Der Kirchenstaat

Nachlassende politisch-ökonomische Macht Italiens

relle Leistungen von hohem Rang, insbesondere etwa in den Bereichen der Architektur und der Musik hervorbrachte, war seine wirtschaftliche und politische Kraft gegenüber dem 14. und 15. Jahrhundert spürbar zurückgegangen.

Italien begann damals, da die Handelswege sich infolge der Türkengefahr zunehmend vom östlichen Mittelmeerraum zum Atlantik verlagerten, den Anschluß an neue ökonomische Entwicklungen (Manufakturwesen) zu verlieren. Die herrschenden Schichten kehrten allmählich zu einer feudalen, agrarisch geprägten Lebensweise zurück. Hinter der prunkvollen Fassade immer erlesenerer Feste der städtischen Oberschichten stagnierten Handel, Handwerk und Gewerbe. Seit 1559 wurden zudem Mailand, das Königreich Neapel und die Inseln Sardinien und Sizilien durch die spanische Krone regiert; Italien wurde so in weiten Teilen zu einem Nebenland des spanischen Absolutismus, der dessen Ressourcen rücksichtslos für seine eigenen Zwecke ausbeutete, etwa ganz Sizilien für den Bau der spanischen Kolonialflotte abholzte.

Italien als Nebenland des absolutistischen Spanien

Kernland der Gegenreformation

Ab der Mitte des 16. Jahrhunderts wurde Italien, das von der Reformation gänzlich unberührt geblieben war, neben Spanien zum Kernland der Gegenreformation. Die Gegenreformation, die sich unter den Päpsten Pius V. (1566–72), Gregor XIII. (1572–85) und Sixtus V. (1585–90) durchsetzte, war der Versuch einer umfassenden Offensive der Kurie gegen die sich immer weiter ausbreitende Reformation. Sie war zugleich geistig-religiöse Erneuerungsbewegung wie das Bestreben, verlorengegangene Machtpositionen zurückzuerobern. Zur Speerspitze der Gegenreformation wurden die Jesuiten. Dieser Orden, mit seinem quasi-militärischen Aufbau und seinem besonderen Treueverhältnis zum Papst, wurde nicht nur ein wirkungsvolles Instrument kurialer Politik, sondern durch sein hervorragendes Bildungssystem, seine umfassende Förderung von Wissenschaft und Kultur auch zur intellektuellen Führungsmacht Italiens. Zu Beginn des 17. Jahrhunderts konnte die Kurie so in nahezu allen italienischen Staaten einen dominierenden Einfluß gewinnen. Dieser Einfluß erstreckte sich nicht nur auf

Das Wirken des Jesuitenordens

Kurie als politische und geistige Führungsmacht Italiens

das religiöse und geistige Leben, sondern reichte, etwa durch die Unterordnung der staatlichen Rechtsprechung unter das kanonische Recht, weit in den politisch-gesellschaftlichen Bereich hinein. Die Inquisition, das förmliche Rechtsverfahren gegen Häretiker und Ungläubige, hat jedoch in Italien, trotz einiger aufsehenerregender Prozesse – etwa gegen die Dominikanermönche Giordano Bruno (1600) und Tommaso Campanella (1599) – nicht den Charakter einer systematischen Verfolgung aller Andersdenkender angenommen wie im Spanien Philipps II.

Inquisition in Italien wird nicht systematisch betrieben

Konflikte zwischen Venedig und der Kurie 1605–07

Nur Venedig hat sich der Dominanz Roms nachdrücklich zu widersetzen versucht. Die Praxis der Republik, den Klerus zu besteuern, das kirchliche Recht den Gesetzen des Staates unterzuordnen und die Verleihung geistlicher Ämter durch Rom an die Zustimmung der Stadtregierung zu binden, führte 1605 zu einem erbitterten Konflikt mit Papst Paul V. Als Venedig sich weigerte, zwei Gefangene nach Rom auszuliefern, und ausdrücklich seine staatlichen Privilegien bekräftigte, bannte der Papst den Dogen und verhängte das Interdikt (Verbot aller religiösen Aktivitäten) über das Gebiet der Republik. Die Republik antwortete mit der Ausweisung der Jesuiten und der ‚Dienstverpflichtung' aller anderen Kleriker. Auch die von Frankreich vermittelte Lösung des Konflikts beließ der Republik ihre Freiheiten. Leidenschaftlicher Anwalt für die Unabhängigkeit Venedigs von der Kurie war damals Fra Paolo Sarpi, ein hochgebildeter Servitenmönch, der als theologischer Berater der venetianischen Stadtregierung fungierte. Zu seinen Freunden gehörte der damalige Professor der Mathematik in dem zu Venedig gehörenden Padua, Galileo Galilei.

Fra Paolo Sarpi, ein Freund Galileis, auf seiten Venedigs

Galileo Galilei, der gelehrte Florentiner

Galileo Galilei, Sohn eines vornehmen Florentiners

Galileo Galilei wurde am 15. 2. 1564 als Sohn des Tuchhändlers Vicenzo Galilei (1520–1592) in Florenz geboren. Sein Vater gehörte zur patrizischen Oberschicht seiner Heimatstadt, der Gruppe alter Familien, die seit dem Mittelalter die kulturelle Entwicklung maßgeblich mitgestaltet hatten und bis 1530 auch politisch beherrschend gewesen waren.

Student in Pisa

Seine akademische Ausbildung erhielt der junge Galileo Galilei ab 1581 an der Universität Pisa. Auf Wunsch seines Vaters sollte er Medizin studieren, fühlte sich jedoch bald zur Mathematik und Naturwissenschaft hingezogen. Durch seine Pisaner Professoren hat er damals wohl vorwiegend die Naturphilosophie des Aristoteles kennengelernt.

Technisch-praktisches Interesse des jungen Galilei

Sein Interesse erregen aber schon zu dieser Zeit die Ingenieure, Militärtechniker und Handwerker mit ihren aus der Praxis gewonnenen naturwissenschaftlich-mathematischen Kenntnissen. Nach vierjährigem Studium kehrt Galileo 1585 ohne Studienabschluß nach Florenz zurück und führt in den nächsten Jahren das Leben eines jungen Privatgelehrten.

Professorenjahre in Pisa

Aufgrund von Beziehungen zu einflußreichen und wissenschaftlich gebildeten Freunden kann der 25jährige Galilei 1589 als Professor für Mathematik nach Pisa zurückkehren. Schon damals stand er den physikalischen Theorien des Aristoteles skeptisch gegenüber, wenn er auch noch nicht die experimentelle Methode zur Widerlegung Aristotelischer Argumente anwandte.

Chronischer Geldmangel

Daß Galilei in Pisa wie auch später ständig Geldsorgen hatte, lag eher an seinem aufwendigen, seiner patrizischen Herkunft verpflichteten Lebensstil und seinen finanziellen Verpflichtungen gegenüber seiner Familie als an seinem geringen Professorengehalt.

Galilei in Padua: physikalische Forschung

Im Herbst 1592 wechselt Galilei zur Universität Padua und tritt damit in die Dienste der Republik Venedig. Padua war eine der ältesten Hohen Schulen Italiens (gegründet 1222); hier hatte Kopernikus Ende des 15. Jahrhunderts Medizin studiert. Der Schwerpunkt von Galileis Forschungstätigkeit lag in Padua im physikalisch-technischen Bereich. Er entwarf eine Theorie der einfachen Maschinen, erfand den Thermoskop, einen Vorläufer des Thermometers, und konstruierte den geometrischen und militärischen Kompaß (Proportionalzirkel), einen Metallzirkel mit aufgetragener Skalierung, mit dem zahlreiche geometrische und arithmetische Berechnungen durchgeführt werden konnten. Wegen seiner anhaltenden Geldsorgen betätigte Galilei sich auch als lizenzierter Hersteller seiner Erfindungen und unterrichtete zahlreiche begüterte Privatschüler, die in seinem Haus Kost und Logis erhielten. Ab 1605 war auch der toskanische Thronfolger Cosimo de Medici (1590–1621) sein Schüler.

Galilei, Kopernikaner im Verborgenen

In Fragen der Astronomie war Galilei damals betont zurückhaltend. Nur aus einem Briefwechsel mit Johannes Kepler von 1597 geht hervor, daß Galilei schon in den 90er Jahren Anhänger der Lehre des Kopernikus war; öffentliche Äußerungen Galileis liegen jedoch nicht vor. Das ändert sich schlagartig in dem entscheidenden Jahr 1610. Am 20. 8. 1609 hatte Galilei der Signoria von Venedig sein Cannochiale, das Fernrohr übergeben, keine ganz eigenständige Entwicklung, obwohl Galilei das später immer wieder behauptet hat, aber doch wohl, auf undeutliche Gerüchte aus anderen Quellen, nach einem eigenen Konstruktionsprinzip entworfen.

Galileis entscheidende astronomische Entdeckungen 1610

Mit Hilfe dieses Rohrs entdeckt Galilei am 16. 1. 1610 die Jupitermonde. Nun bricht er sein Schweigen. In fieberhafter Eile schreibt er eine Abhandlung, ‚Sidereus Nuntius' (Sternenbote), die bereits acht Wochen später erscheint. Zwar enthält die Schrift fast nur Beschreibungen seiner Beobachtungen (genaue Berechnungen und theoretische Begründungen werden erst im ‚Dialog' von 1632 nachgeliefert), aber allen Astronomen war klar, daß Galilei hiermit einen wichtigen Beweis für die Wahrheit der Kopernikanischen Lehre gefunden hatte. Seine Entdeckungen – im Herbst fand er mit den Phasen der Venus einen weiteren Baustein des Kopernikanischen Gebäudes – sind noch im selben Jahr durch Johannes Kepler und am 17. 12. in einem Brief durch P. Clavius bestätigt worden.

Der Physiker Galilei nach 1610

Galilei, der im September 1610 in die Dienste seines ehemaligen Schülers, Cosimo II., Großherzog der

Toskana, eintrat, hat auch in den folgenden Jahrzehnten einen Großteil seiner Arbeit Fragen der Physik gewidmet. 1612 entsteht der ,Traktat über schwimmende Körper', der als erste exakte physikalische Arbeit der Wissenschaftsgeschichte betrachtet werden kann. Vor allen Dingen zu nennen sind die ,Discorsi', das in der Verbannung in Arcetri entstandene späte Hauptwerk. Auch seine astronomischen Schriften (,Il Saggiatore' von 1623 und die ,Dialoge über die zwei hauptsächlichen Weltsysteme' von 1632) beinhalten eine Reihe von grundsätzlichen physikalischen Reflexionen; dies läßt sich dadurch erklären, daß Galilei bestrebt war, seine astronomischen Beobachtungen durch eine an irdischen Verhältnissen gewonnene, aber universal gültige Mechanik zu begründen. Seine physikalischen Theorien in ihrer Frontstellung gegen die gängige Aristotelische Lehrmeinung waren nicht minder konfliktträchtig wie seine astronomischen Ergebnisse. Wissenschaftsgeschichtlich mag sogar dem Physiker Galilei der Vorrang vor dem Astronomen gebühren. Durchgesetzt hat sich jedoch das Bild des Astronomen Galilei, von dem die Sage geht, er habe noch nach dem Widerruf, was nirgendwo bezeugt ist, trotzig darauf beharrt: ,Und sie bewegt sich doch'. Die Auseinandersetzung mit der Kirche um die richtige astronomische Wahrheit hat das Bild Galileis geprägt; sie hat auch einen großen Teil von Galileis Forscherleben nach 1610 ausgefüllt.

Der ,Prozeß Galilei' und seine Vorgeschichte

Verbot der Kopernikanischen Lehre 1616

Die erste Phase des Konflikts endet am 6. 3. 1616 mit der Indizierung, dem förmlichen Verbot der Kopernikanischen Lehre, die von der Glaubenskongregation in einem Gutachten vom 25. 2. für formal häretisch befunden worden war; schon am 26. 2. war Galilei von Kardinal Bellarmin vermahnt worden, die Kopernikanische Lehre nicht länger als wahr zu behaupten. An diesem Dekret ist manches erstaunlich. Es war eindeutig gegen Galilei gerichtet, der aber im Text des Dekrets gar nicht erwähnt wird, und es indiziert ein Buch – ‚De revolutionibus orbis coelestium' des Nikolaus Kopernikus – das bereits 73 Jahre zuvor erschienen und damals sogar dem Papst gewidmet worden war.

Metaphysik des Aristoteles als Ausgangspunkt der alten Weltvorstellung

Ein kurzer Exkurs in die Wissenschaftsgeschichte soll die Hintergründe des Konflikts verdeutlichen. Das mittelalterliche Weltbild beruhte auf den metaphysischen Spekulationen des Aristoteles, für den die Mittelpunktstellung der Erde Ausdruck ihrer Unvollkommenheit war. Das vollkommene Sein, nach dessen Wesen Aristoteles fragt, zeichnet sich im Gegensatz zur irdischen Materie mit ihren vier Grundstoffen Feuer, Wasser, Luft und Erde durch eine einheitliche Substanz und eine harmonische Bewegung, d. h. Kreisbewegung, aus. Beides kann, da es nicht für den irdischen Bereich gilt, nur für den ‚himmlischen' Bereich gelten. Das vollkommenste Sein muß zudem als Ursache alles weniger Vollkommenen, als unbewegter Beweger, gedacht werden. Dieser Erste Beweger wird dann in der Scholastik, der Philosophie des Mittelalters, zum christlichen Schöpfergott uminterpretiert.

Das Ptolemäische Weltbild und seine Mängel

Schon in der Antike aber fiel auf, daß das von Aristoteles als wirklich existierend behauptete System der harmonischen Sphärenschalen, auf denen die Planeten sich bewegen sollten, nicht mit den beobachtbaren Himmelsphänomenen zusammenstimmte. Ptolemäus versucht in der Spätantike, durch ein kompliziertes mathematisches Modell mit verschiedenen Hilfskreisen die metaphysisch verlangte Kreisförmigkeit mit den Phänomenen am Himmel, den beobachtbaren Bahnverläufen, in Übereinstimmung zu bringen. Sein Modell verfährt jedoch recht willkürlich und kann die Beziehung der Planeten untereinander nicht erklären.

Kopernikus' Modell bietet einleuchtende Erklärung

Diese Beziehung konnte Kopernikus dadurch herstellen, daß er die Sonne als Mittel- und Bezugspunkt der anderen Planeten ansetzte. Damit aber war die ursprüngliche, theologisch interpretierbare Lehre vom vollkommenen (göttlichen) und unvollkommenen (menschlichen) Sein nicht mehr ohne weiteres in einer astronomischen Theorie darzustellen. Daß Kopernikus' Lehre nicht schon eher Reaktionen der Kirche provozierte, lag nicht so sehr daran, daß er keine empirischen Beweise für seine mathematischen Berechnungen vorgelegt hatte. Vielmehr glaubte man über lange Jahrzehnte, Kopernikus habe seine Lehre nur als spekulative Theorie verstanden, als bloße Hypothese, die keinen Anspruch darauf erhob, daß sich die Dinge wirklich so verhielten. Dieser Eindruck war durch das umfangreiche Vorwort zu dem Buch von 1543 entstanden.

Seine Theorie galt lange als bloße Hypothese

1609/10 verändert sich die Situation: 1609 weist Johannes Kepler nach, daß das Vorwort zu Kopernikus' Buch eine Fälschung seines Schülers Osiander war, und gerade in diesem Augenblick macht Galilei astronomische Beobachtungen, die einen empirischen Beweis für die Wahrheit der Kopernikanischen Lehre liefern.

1609–10: Wahrheit der neuen Lehre wird bewiesen

Daß Galilei auf einer, wissenschaftsgeschichtlich durchaus fragwürdigen, realistischen Interpretation des Kopernikus beharrt, zeigt, daß es in der folgenden Auseinandersetzung um den Charakter der Wahrheit selbst ging. Galilei hat, schon unter dem Eindruck des von den Dominikanern eingeleiteten Verfahrens wegen Ketzerei, in verschiedenen Schriften seine Auffassung vom Verhältnis von theologischer und wissenschaftlicher Wahrheit dargelegt. Oberste Wissenschaft, so Galilei, sei die Theologie, da sie das Seelenheil des Menschen zum Gegenstand habe. Das besage jedoch nicht, daß die Naturwissenschaft nicht souveräne Herrin über ihr Forschungsgebiet sein könne, der Fürst könne ja auch nicht dem Arzt, seinem Untertan, vorschreiben, wie er zu kurieren habe. Die in ihren Methoden unabhängige Wissenschaft von der Natur sei nicht an den Wortlaut der Schrift gebunden, die ja, wie schon die Kirchenväter gewußt hätten, kein naturwissenschaftliches Lehrbuch sei. Wenn Kardinal Bellarmin, der Leiter des Collegium Romanum, im Vorfeld des Dekrets darauf beharrt, Galilei dürfe die Kopernikanische Lehre nur als Hypothese ansehen, dann wird hier die Absicht deutlich, auch weiterhin einen theologischen Vorbehalt auf dem Gebiet der Wissenschaft ausüben zu können. Es wird aber auch ein unterschiedliches Methodenverständnis offen-

Konflikt mit der Kirche

Emanzipation der Naturwissenschaft von der Theologie

Der empirische und der scholastisch-philosophische Beweis

kundig. Während die neue Wissenschaft induktive Schlüsse aus beobachteten Phänomenen als Beweis gelten läßt, beharrt die scholastische Denkart des Theologen auf einem deduktiven Argument der Seinsnotwendigkeit, dem strikten Beweis, daß es prinzipiell gar nicht anders sein könne, als daß sich die Erde um die Sonne dreht. Bellarmin argumentiert:

> „Zu beweisen, daß die Erscheinungen sich erklären, wenn man annimmt, die Sonne befinde sich im Mittelpunkt und die Erde am Himmel, ist nicht das gleiche, wie zu beweisen, daß die Sonne in Wirklichkeit der Mittelpunkt ist und die Erde am Himmel ist. Ich glaube, daß es die erste Beweisführung geben mag, bezüglich der zweiten hege ich sehr ernste Zweifel; und im Zweifelsfalle soll man nicht von der Heiligen Schrift lassen, wie die Kirchenväter sie ausgelegt haben." (Discoveries and Opinions of Galileo, ed. by Stillman Drake, New York 1957, S. 164 f.)

Galilei hält sich formal an das Dekret

Nach der Veröffentlichung des Dekrets hat Galilei seine Arbeiten an der theoretischen Fundierung seiner Entdeckungen fortgesetzt und sich weiterhin über die neue Lehre geäußert, allerdings nur in Form von hypothetischen Sätzen. Nach der Thronbesteigung des Mathematikers Barberini 1624, der Galilei mehrfach freundschaftlich in Audienz empfangen hat, glaubte er die Spielräume seiner Aussagen erweitern zu können, obschon der neue Papst, wohl aus Gründen der Staatsräson, sich weigerte, das Dekret seines Vorgängers aufzuheben.

Die Dialoge (1632); definitiver Beweis des Kopernikus in hypothetischer Form

Der Anlaß des Prozesses von 1633 war die Veröffentlichung des großen Werkes „Dialog über die zwei hauptsächlichen Weltsysteme" (1632). Das Buch ist, in Anlehnung an die Platonischen Dialoge, in Gesprächsform geschrieben. Zwei Freunde der neuen Wissenschaft, Sagredo und Salviati, und ein Aristoteliker, Simplicio, diskutieren die theoretischen Grundlagen der beiden Weltsysteme, wobei natürlich die kopernikanischen Argumente den Sieg davontragen. Galilei hat hier in der Tarnung des literarischen Rollenspiels versucht, einen umfassenden Beweis für die Wahrheit des Kopernikanischen Systems zu liefern (Theorie der Ursache von Ebbe/

Flut). Zwei Jahre hatte es gedauert, zahlreiche Auflagen waren von den Zensoren gemacht und von Galilei erfüllt worden, bevor das Buch erscheinen konnte. Sechs Monate nach seiner Veröffentlichung wird das Buch im Sommer 1632 plötzlich verboten, der Papst setzt eine Theologenkommission zur Vorbereitung eines Prozesses gegen Galilei ein.

Druckerlaubnis mit Auflagen

Verbot des Buches und Vorbereitung des Prozesses

Die Gründe für diesen Gesinnungswechsel des Papstes sind bis heute unbekannt. Dem Papst wird wohl klargeworden sein, daß es keine mittlere Linie mehr geben konnte, Galilei zwar weiterhin reden und schreiben, die Ergebnisse aber nur „in Gänsefüßchen" erscheinen zu lassen, die keiner mehr beachtete. Der Barberini-Papst, trotz aller Gelehrsamkeit persönlich ein Mann der Macht, sah sich wohl auch aus außenpolitischen Rücksichten – er war kurz zuvor wegen seiner Konspiration mit den protestantischen Mächten gegen das katholische Habsburg/ Spanien im Dreißigjährigen Krieg vom spanischen Botschafter öffentlich der Protektion von Ketzern beschuldigt worden – gezwungen, ein Exempel zu statuieren, um seine Gesinnung unter Beweis zu stellen.

Gründe für Urban VIII. Sinneswandel

Der formaljuristisch entscheidende Punkt des Prozesses, der ab April 1633 in Rom stattfand, war, ob Galilei 1616 von Kardinal Bellarmin nur ermahnt worden war, oder aber, wie eine obskure Protokollnotiz in den Prozeßakten auswies, förmlich verpflichtet worden war, weder in Wort noch Schrift weiter die Kopernikanische Lehre zu vertreten. Obschon Galilei durch ein schriftliches Zeugnis Bellarmins die zweite Version entkräften konnte, lieferte der Abschlußbericht den geforderten, auch kirchenrechtlich fraglichen Schuldspruch. Am 16. 6. 1633 ordnet der Papst das Verbot der Bücher Galileis und den Entzug jeglicher Lehrerlaubnis an und verfügt die Inhaftierung und ‚Befragung' des Ketzers. Galilei glaubt, daß ihm die Folter drohe, verwickelt sich in Widersprüche und widerruft schließlich am 22. 6. öffentlich seine Lehren. Der ‚reuige Ketzer' bleibt bis zu seinem Tode 1642 in ‚formalem Kerker', d. h. er steht in seinem Landhaus in Arcetri unter der ständigen Kontrolle der Inquisition. Dort kann Galilei trotzdem seine ‚Discorsi' schreiben und sie 1636 außer Landes schmuggeln lassen.

Verurteilung Galileis trotz formaljuristischer Prozeßmängel

1633 öffentlicher Widerruf

Galileis geschichtliche Bedeutung

Unabhängigkeit der wissenschaftlichen Wahrheit

Galileis historische Bedeutung liegt mehr noch als in den Ergebnissen seiner astronomischen und physikalischen Forschungen, die heute teilweise überholt sind, in seinem Anspruch auf die Unabhängigkeit der wissenschaftlichen Wahrheit und in den Methoden seiner Forschung, die wegweisend für die weitere Entwicklung der Naturwissenschaft werden sollten.

Galileis Forschungsprogramm

Galileis Forschungsprogramm und seine Methode unterscheiden sich wesentlich von der durch Aristoteles geprägten Tradition der Naturphilosophie. Statt über die absolute Vollkommenheit der Natur zu spekulieren, möchte er die Gesetze genau definierter Problembereiche, etwa die der Bewegung, möglichst präzise ergründen und darstellen. Es geht ihm dabei auch nicht länger um das innere Wesen der Dinge, sondern um die quantitativ darstellbaren, dadurch meßbaren Beziehungen der Gegenstände der Natur untereinander in ihrer Gesetzmäßigkeit.

Galileis Methoden:
– Mathematische Darstellung der Gesetze

Zur Darstellung und exakten Beschreibung dieser Relationen der Körper bedient er sich der Mathematik, Galilei schreibt als ‚erster Physiker' der Geschichte 1604 ein Naturgesetz in mathematischen Formeln nieder.

– Wissenschaftliches Experiment

Eine wichtige Bedeutung gewinnt für ihn die empirische Beobachtung in Gestalt eines kontrollierten wissenschaftlichen Experiments. Wenn der Wissenschaftler die Gesetzmäßigkeiten der Natur entdekken will, dann reicht dazu die bloße Beobachtung der Natur nicht aus, da die Wahrnehmungssituationen sich ständig ändern. Ein Experiment vereinfacht und vereinheitlicht die Umstände, unter denen z. B. die Bewegung eines Körpers wahrgenommen werden kann. Dadurch erst werden einzelne Beobachtungen von Bewegungen miteinander vergleichbar, das allen Gemeinsame kann als Gesetz festgehalten werden. Die experimentelle Methode beruht dabei auf der grundsätzlichen Annahme, daß jede Theorie nur dann als wahr gelten kann, wenn sie empirisch überprüft werden kann.

Galilei hat seine Methode nicht theoretisch begründet und dargestellt, ja noch nicht einmal überall angewendet oder nur mit einer sehr schmalen Datenbasis gearbeitet; besonders in den ‚Discorsi' finden sich viele rationale Beweisführungen ohne Bezug zur empirischen Erfahrung. Gleichwohl hat Galilei als erster einen Weg beschritten, den die Naturwissenschaft konsequent weitergegangen ist und der sie zum erfolgreichsten Denksystem in der Geschichte der Menschheit gemacht hat, wenn denn Erfolg darin zum Ausdruck kommen sollte, wie schnell und nachhaltig der Mensch seine natürliche Umwelt umzugestalten in der Lage ist.

Galilei, der erste neuzeitliche Naturwissenschaftler

Die Rolle des Historischen in Brechts Theatertheorie

Brechts politische Theorie des Theaters

Brecht hat seine während der Jahre des Exils entstandenen Dramen, zu denen ‚Leben des Galilei' zählt, als ‚Versuche' für ein neuartiges Theater, das ‚Theater des wissenschaftlichen Zeitalters', verstanden; er hat diese neue Theaterkonzeption in dieser Zeit auch theoretisch zu begründen versucht. Brechts Theatertheorie ist eine politische Theorie des Theaters: sie fragt nach der gesellschaftlich-politischen Bedeutung der Kunstform ‚Theater' und sucht aus der Beantwortung dieser Frage die Prinzipien einer neuartigen Ästhetik des Theaters zu gewinnen.

Brechts materialistische Geschichtsauffassung

Marxistische Philosophie als Hintergrund von Brechts Theatertheorie

Brecht hat seit 1926 zuerst die wirtschaftstheoretischen Schriften von Karl Marx (1818–1883) studiert, einige Jahre später durch den persönlichen Kontakt mit dem Philosophen Karl Korsch (1889–1961) auch die philosophischen Grundlagen des Marxschen Materialismus kennengelernt und sich zu einem überzeugten Marxisten entwickelt. Die marxistische Philosophie bildet das von Brecht nicht eigens thematisierte theoretische Rahmenwerk seines Nachdenkens über das Theater. Zum Verständnis der Theatertheorie Brechts ist es deshalb unerläßlich, die grundsätzlichen Thesen Marx' zu vergegenwärtigen. Entscheidende Bedeutung gewinnt darin der Begriff der ‚Geschichte'.
Philosophisches Nachdenken galt seit jeher der Frage nach dem Wesen des Menschen, danach, was den Menschen zum Menschen macht. Die Antworten auf diese Frage mochten verschiedene sein: Der

Mensch konnte als Ebenbild Gottes, als ‚denkendes Tier' oder als ‚politisches Wesen' begriffen werden. Eines war diesen Erklärungen gemeinsam: Sie faßten das Wesen des Menschen als eine feststehende Seinsbestimmung, die jedes menschliche Individuum in derselben Weise zum Menschen qualifizierte. Für Marx jedoch liegt das Wesen des Menschen in seiner beständigen Veränderung und Entwicklung, weniger allerdings in der persönlichen Entwicklung des einzelnen Menschen als vielmehr in der ‚Geschichte der Gattung', d. i. in dem Entwicklungsprozeß der Gesamtheit aller je lebenden, gelebt habenden und leben werdenden Menschen.

Marxistische Wesensbestimmung des Menschen

Marx übernimmt diesen Entwicklungsgedanken von dem idealistischen Philosophen G. W. F. Hegel (1770–1831), der ihn als einen Prozeß des Bewußtseins, also als geistigen Prozeß aufgefaßt hatte, und wendet ihn auf den realen Geschichtsprozeß der Menschheit an, den er ‚materialistisch' deutet: Der Mensch ist als natürliches Lebewesen wie alle Lebewesen auf die Erhaltung seiner selbst und seiner Art ausgerichtet. Seine Besonderheit liegt darin, daß er zu diesem Zweck materielle Gegenstände (Werkzeuge etc.), aber auch andere Produktionsmittel (z. B. Grund und Boden) braucht, mit denen er die äußere Natur beherrschen und ihr gleichsam seine eigene ‚materielle Natur' einprägen kann. In diesem materiellen Produktionsprozeß tritt der einzelne Mensch notwendig in Kontakt zu anderen Menschen, sein materielles Produzieren ist zugleich ein gesellschaftliches Produzieren; es geschieht im Rahmen von Produktionsverhältnissen. Solche Produktionsverhältnisse befördern nun das soziale Ungleichgewicht unter den Menschen, da sie zugleich den Besitz der Produktionsmittel ungleich verteilen. Der hörige Bauer des Mittelalters leistet zwar die eigentlich materielle produktive Arbeit, wenn er ‚seinen' Acker bebaut, aber er kann in der feudalistischen Gesellschaft, in der er lebt, nicht frei über sein Produktionsmittel und seine Produkte verfügen.

Materielle Produktion als ‚materielle Natur' des Menschen

Soziale Ungleichheit als Folge ungleich verteilter Produktionsmittel

Die menschliche Geschichte verläuft nun nach Marx nach einer bestimmten Dramaturgie. Entsprechend ihrer materiellen Natur entwickeln die Menschen immer komplexere und effizientere Weisen

Ständiger Fortschritt der geschichtlichen Entwicklung

der Naturaneignung (Produktivkräfte). Dies muß jedoch auch eine ständige Veränderung der Gesellschaftsstrukturen zur Folge haben, die oft sprunghaft, in Gestalt revolutionärer Umwälzung, erfolgt. In der Zukunft soll, nach Entfaltung aller Produktivkräfte des Menschen, die Errichtung einer klassenlosen Gesellschaft, die das soziale Ungleichgewicht der verschiedenen sozialen Gruppen (Klassen) aufhebt, die Geschichte der Menschheit an ihr Ende führen.

Der Mensch ist bestimmt durch sein gesellschaftliches Sein

Der einzelne Mensch kann sein Menschsein nur ergreifen durch die Rolle, die er in diesem Entwicklungsprozeß zu spielen hat. Er ist wesentlich geprägt durch die soziale Struktur der Gesellschaft, in der er lebt. Diese Gesellschaft ist auf stetige Veränderung angelegt, wobei der entscheidende Grund dieser Veränderung in der materiellen Natur, in der Entwicklung der Aneignung der Natur durch den Menschen liegt.

Keine deterministischen Gesetze der Geschichte

Die Entwicklung der menschlichen Gattung ist zwar durch ‚materialistische' Gesetzmäßigkeiten geprägt, aber die Geschichte ist doch darum kein determinierter, vorherbestimmter Prozeß, auf den die einzelnen Menschen durch ihre persönlichen Absichten und Handlungen keinen Einfluß nehmen könnten. Marx' Theorie will die Menschen in der kapitalistischen Gesellschaft ja gerade dazu bringen, die Gesetze der Geschichte und die ökonomischen Strukturen des Kapitalismus zu verstehen, um die Gesellschaft zu verändern und die klassenlose Gesellschaft herbeizuführen.

Marxismus als auf Veränderung der Gesellschaft ausgerichtete Denkweise

Karl Korsch, Brechts ‚Lehrer', hat diesen Charakter der Marxschen Theorie besonders betont; er bezeichnet diejenige theoretische Erkenntnis, die auf die Veränderung der gesellschaftlichen Praxis abzielt, als ‚geistige Aktion'. Auch für Brecht, der von ‚eingreifendem Denken' spricht, ist die Marxsche Theorie, wie er den Philosophen in seiner Schrift ‚Der Messingkauf' sagen läßt, „eine bestimmte Art, die Welt anzuschauen", die zu „gewissen Beurteilungen der Erscheinungen, Voraussagen und Winken für die Praxis führt", nicht jedoch eine geschlossene Weltanschauung, ‚vermeintliches Wissen, wie alles sich abspielt und gebildet nach einem Ideal der Harmonie" (GW 16, 531). Marx' materialistische Geschichts- und Gesellschaftstheorie gilt Brecht als ein geistiges Instrumentarium der gesellschaftlichen Veränderung.

Die gesellschaftliche Bedeutung des Theaters

Theater als Mittel der Erkenntnis der gesellschaftlichen Realität

Brechts Theatertheorie kreist um Möglichkeiten und Aufgaben des Theaters im Hinblick auf eine als notwendig vorausgesetzte sozial-revolutionäre Umgestaltung der Gesellschaft. In seiner theatertheoretischen Hauptschrift ‚Der Messingkauf' (1939 ff.), die er nach dem Vorbild der Galileischen ‚Discorsi' in Dialogform verfaßte, ist es bezeichnenderweise der Philosoph, der im Gespräch mit den Theaterleuten Leitlinien für ein neues, revolutionäres Theater entwirft. Freilich handelt es sich bei ihm um einen ‚materialistischen' Philosophen, der sein Denken in den Dienst der gesellschaftlichen Veränderung stellt.

Das Theater ist ‚philosophisch' bedeutsam, weil es Vorgänge, die zwischen Menschen stattfinden, abbildet und dadurch zu einem Instrument gesellschaftlicher Erkenntnis werden kann. Freilich bedarf es dazu einer ‚realistischen' Abbildung menschlichen Verhaltens, d. h. einer ‚Abbildung', die die wahre materielle und gesellschaftliche Natur des Menschen und seiner Geschichte freilegt. Brecht bestreitet nun, daß das traditionelle Theater, das er in polemischer Verkürzung als ‚bürgerliches Theater' bezeichnet, ein solch realistisches Abbild hat liefern können, da es die Geschichtlichkeit des Menschen unterschlagen habe.

‚Unrealistisches Abbild' des Menschen im ‚bürgerlichen Theater'

> „Die Darstellung des Menschen [im bürgerlichen Theater] hält sich an das sogenannte Ewig-Menschliche." ... „Diese Auffassung mag die Existenz einer Geschichte zugeben, aber es ist dennoch eine geschichtslose Auffassung." (GW 16, 628)

Der Protagonist des bürgerlichen Theaters ist der durch seinen Charakter, seine Leidenschaften und seine Überzeugungen geprägte Einzelne, für dessen persönliche Identität das ‚Milieu', seine historisch-sozialen Lebensumstände, nicht von Bedeutung ist. Brecht setzt dagegen ein ‚historisches' Denken, die Auffassung des Menschen als einer Variablen des „Milieus, des Milieus als einer Variablen des Menschen, das heißt die Auflösung des Milieus in Beziehungen zwischen Menschen". (GW 16, 628)

‚Realistisches Abbild': Der geschichtliche, veränderbare Mensch

Ein realistisches Abbild faßt den Menschen einerseits als ein Produkt seiner sozialen Umwelt; andererseits kann und muß es ihn gerade deshalb auch als veränderbar zeigen, denn die sozialen Ordnungen sind ja nichts als geschichtlich gewordene und damit auch geschichtlich veränderbare Formen der sozialen Beziehungen von Menschen.

Das Theater als Mittel realer gesellschaftlicher Veränderung

Die gesellschaftliche Bedeutung des Theaters erschöpft sich nach Brecht jedoch nicht darin, ein ‚realistisches' Abbild des Menschen in seiner gesellschaftlich-geschichtlichen Gebundenheit zu liefern. Das Theater kann, indem es solche ‚realistischen' Abbilder schafft, auch selber zu einem Instrument gesellschaftlicher Veränderung werden. Durch das Vorzeigen veränderbarer Menschen auf dem Hintergrund einer geschichtlich relativierbaren Gesellschaftsordnung soll der Zuschauer – ähnlich wie der Leser der Marxschen Philosophie – verwertbare Erkenntnisse zur Veränderung seiner eigenen gesellschaftlichen Realität erhalten.

Historisierung und Verfremdung

Historisierung und Verfremdung als Mittel der Erkenntnis

Dieser Sachverhalt wird besonders klar an den zentralen, aber oft mißverstandenen Begriffen der Theatertheorie Brechts, ‚Historisierung' und ‚Verfremdung'. Brecht tut manchmal so, als bezeichneten diese Begriffe bloße ‚Techniken', etwa dramaturgische ‚Kniffe' beim Schreiben von Theaterstücken, oder bestimmte Regeln für die Aufführung solcher Stücke. In Wahrheit sind sie jedoch zuallererst begriffliche Kategorien, die den Erkenntnisprozeß beschreiben, den das auf gesellschaftliche Verände-

rung zielende Theater zu leisten hat. Brechts Rede von ‚Techniken' ist so zu verstehen, daß alle ästhetischen Gestaltungsmittel des Theaters ihre Bedeutung nur dadurch gewinnen können, daß sie einen solchen Erkenntnisprozeß des Zuschauers befördern.
Was meint nun Historisierung?

> „Bei der Historisierung wird ein bestimmtes Gesellschaftssystem vom Standpunkt eines anderen Gesellschaftssystems aus betrachtet. Die Entwicklung der Gesellschaft gibt die Gesichtspunkte." (GW 16, 653)

Historisieren: Begreifen einer Gesellschaft von ihrer historischen Entwicklung her

Ein Theater, das ein realistisches Abbild der gesellschaftlichen Wirklichkeit liefern will, muß nicht nur den Menschen als ein ‚historisches' soziales Wesen zeigen, sondern auch deutlich machen, daß das Gesellschaftssystem, in dem der Mensch lebt, Resultat eines geschichtlichen Prozesses ist und durch die geschichtliche Entwicklung überholbar ist, weil es den Keim zu einer solchen Veränderung immer schon in sich trägt. Ein angemessenes Verständnis etwa der bürgerlichen Gesellschaft des 19. Jahrhunderts setzt nicht nur eine Kenntnis der historischen Wurzeln dieser Gesellschaft voraus, vielmehr wird es erst dann erreicht, wenn man weiß, wie sich diese Gesellschaft bis ins 20. Jahrhundert weiterentwickelt hat. In diesem Sinne schreibt Brecht:

> „Die Klassiker haben gesagt, daß der Affe sich am besten vom Menschen aus, seinem Nachfolger in der Entwicklung, begreifen lasse." (GW 16, 610)

Begreifen der Gegenwart setzt Utopie der Zukunft voraus

Brecht aber geht es primär um die gesellschaftliche Erkenntnis der Gegenwart durch das Theater. Der Standpunkt, von dem die gegenwärtige gesellschaftliche Wirklichkeit historisierend betrachtet werden muß, ist dann aber die Zukunft, die sozialistische Utopie einer klassenlosen, herrschaftsfreien Gesellschaft. Im Begriff des ‚Historisierens' wird deutlich, daß in dem Erkenntnisprozeß, den das Theater hervorrufen soll, um die Veränderung der Gesellschaft zu ermöglichen, der Vorblick auf eine künftige, veränderte Gesellschaft schon notwendig ist, um die gegenwärtige gesellschaftliche Wirklichkeit zu begreifen.

Auch der Begriff ‚Verfremdung' zielt auf den gesellschaftlich bedeutsamen Erkenntnisprozeß, den das Theater nach Brecht zu leisten hat; manchmal setzt Brecht ‚historisieren' sogar mit ‚verfremden' gleich:

> „Einen Vorgang oder einen Charakter verfremden heißt zunächst einfach, dem Vorgang oder dem Charakter das Selbstverständliche, Einleuchtende zu nehmen und über ihn Staunen und Neugierde zu erzeugen ... Verfremden heißt also Historisieren, heißt Vorgänge und Personen als historisch, also als vergänglich darstellen. Dasselbe kann natürlich auch mit Zeitgenossen geschehen, auch ihre Haltungen können als zeitgebunden, historisch, vergänglich dargestellt werden." (GW 15, 301)

Verfremdung als Methode der Erkenntnis

‚Verfremden' und ‚Historisieren' sind zwar nicht identische Begriffe, stehen aber doch in einer engen gedanklichen Beziehung zueinander. Verfremden ist zu allererst eine allgemeine Methode, zu Erkenntnissen zu gelangen. Schon 1809 hat Hegel den berühmten Satz geschrieben: „das Bekannte überhaupt ist darum, weil es bekannt ist, nicht erkannt." Gerade diejenigen Dinge, mit denen wir am häufigsten in Berührung kommen, sind oft diejenigen, über die wir am wenigsten wissen. Wir haben uns ein Bild von ihnen gemacht, das für unsere Bedürfnisse ausreicht, ohne zu bemerken, wie unvollständig dieses Bild ist. Eine Methode, Wissen im Sinne eines tieferen Verständnisses von schon Bekanntem zu gewinnen, besteht darin, die Dinge und Vorgänge in einen neuartigen Zusammenhang zu setzen und so eine neue, ungewohnte Sichtweise zu gewinnen. Dies ist aber gerade das, worauf Verfremdung bei Brecht zielt: Durch einen ungewohnten Blick auf (gesellschaftliche) Vorgänge ein vertieftes Verständnis ihrer Zusammenhänge zu ermöglichen.

Zusammenhang von Historisierung und Verfremdung

Verfremdung ist insoweit mit Historisierung gleichzusetzen, als der angestrebte Erkenntnisprozeß die geschichtlich-gesellschaftliche Dimension des Menschen zum Gegenstand hat. Historisierung ist insofern Verfremdung, als sie die gewohnte Sehweise des

Zuschauers, dem gesellschaftliche Verhältnisse eher als Schicksal, als eine unabänderliche Tatsache erscheinen, verändert und auf die Veränderbarkeit der Verhältnisse aufmerksam macht.
Aus der Natur dieses vom Theater zu leistenden Erkenntnisprozesses gewinnt Brecht ein präziseres Verständnis von Aufgabe und Struktur des ‚neuen' Theaters. Im ‚Kleinen Organon' (1948) heißt es:

> „Die Auslegung der Fabel und ihre Vermittlung durch geeignete Verfremdungen ist das Hauptgeschäft des Theaters." (GW 16, 696)

‚Gesellschaftlicher Gestus' und ‚Fabel' in Brechts Theatertheorie

Das Theater kann die gesellschaftliche Wirklichkeit nur dadurch erkennen lassen, daß es das Verhalten einzelner Menschen, der Bühnenfiguren, zeigt. Diese Bühnenfiguren müssen gleichsam ‚historischen' Charakter haben; ihr Verhalten darf nicht Ausdruck einer unveränderlichen Persönlichkeitsstruktur sein, sondern es muß als gesellschaftlich bedingtes und deshalb veränderbares Verhalten erscheinen. Solch gesellschaftliches Verhalten, das in Mimik, Gestik und in der Dialogsprache der Bühnenfiguren zum Ausdruck kommt, nennt Brecht einen ‚gesellschaftlichen Gestus'. Unter ‚Fabel' versteht Brecht eine Bühnenhandlung, die auf dem gesellschaftlichen Gestus der Bühnenfiguren aufgebaut ist. Das Theater betreibt dadurch die Auslegung seiner ‚Fabel', daß es durch das ‚verfremdende' Vorzeigen solcher Verhaltensweisen der Bühnenfiguren die Aufmerksamkeit auf die allgemeinen Strukturen der Gesellschaft und ihre Entwicklung lenkt, durch die das Verhalten der Bühnenfiguren bestimmt ist.

Drama als Erkenntnismodell gesellschaftlicher Wirklichkeit

Das Theater muß ein Modell der gesellschaftlichen Wirklichkeit zeigen, um die Erkenntnis und dadurch die Veränderung der gesellschaftlichen Wirklichkeit zu ermöglichen.

Einfühlung und Kritik: Die Rolle des Zuschauers

Jedes Theater hat Wirkungsabsichten

Jede Art von Theater ist ein Spiel für Zuschauer; Theater ist eine Kunstform, die dem Zuschauer etwas mitteilen oder bei ihm etwas bewirken will. Dadurch prägt das Theater aber in gewisser Weise die Erwartungen, die Menschen haben, wenn sie ins Theater gehen, und die sie dazu bewegen, dort hinzugehen.

Klassische Tragödie: Reinigung der Affekte

Die Aufgabe der klassischen Tragödie besteht darin, die Affekte (Gefühle) der Zuschauer durch die Erzeugung von Furcht und Mitleid zu reinigen (Katharsis = sittliche, innerliche ‚Reinigung'). Diese Auffassung wird traditionell, und auch Brecht tut dies, mit dem Namen des antiken Philosophen Aristoteles verbunden, der als erster eine systematische Ästhetik der Dichtkunst (Poetik) entworfen hat. Theater erscheint hier also nicht als Ort der Erkenntnis, sondern gleichsam als ein ‚therapeutisches Instrument', das auf die Erlebnisfähigkeit und das emotionale Gleichgewicht des Zuschauers abzielt. Wenn aber das Theater in dieser Absicht Furcht und Schrecken erzeugen sollte, dann bedeutete dies, das Theater mußte bestrebt sein, den Zuschauer aus seiner eigenen Wirklichkeit herauszulösen und ihn in die Wirklichkeit der Dramenhandlung hineinzuversetzen: Mitleid sollte er mit den Personen der Tragödie empfinden können, Furcht sollte ihn befallen bei der Vorstellung, ihm selber könne das tragische Schicksal der Dramenfiguren widerfahren. Ein solches Theater muß also bestrebt sein, die Einfühlung des Zuschauers in die Personen des Dramas und deren Tun zu ermöglichen.

Erstrebtes Zuschauerverhalten: Einfühlung in das Bühnengeschehen

Im Laufe der Jahrhunderte hat sich der auf Einfühlung abzielende Charakter des Theaters gleichsam verselbständigt. Schon durch das Arrangement einer Theateraufführung – die Schauspieler agierten auf einer vom Zuschauerraum getrennten Spielfläche, der ‚Guckkastenbühne' – konnte beim Zuschauer der Eindruck entstehen, Zeuge eines ‚realen' Ereignisses zu werden. Diese Suggestion wurde noch durch die gefühlsbetonte Spielweise der

Schauspieler verstärkt, deren höchste Kunst es war, sich ganz in die dargestellte Figur zu verwandeln. Brecht lehnte eine solche Theaterpraxis grundsätzlich ab. Sein Theater, das auf gesellschaftlich verwertbare Erkenntnis abzielte, sollte das Bühnengeschehen der kritischen Prüfung durch den Zuschauer überlassen. Die Aktivität des Zuschauers sollte sich nicht in einem ‚Theatererlebnis' erschöpfen, sondern auf dessen eigene gesellschaftliche Situation gelenkt werden können. Deshalb durfte der Unterschied zwischen ‚Welt der Bühne' und ‚realer Welt' nicht überspielt, sondern er mußte im Gegenteil besonders betont werden. Die Aufführungspraxis sollte dem Zuschauer immer vor Augen halten, daß er einem künstlerischen Prozeß beiwohnte, der eigens zu seiner kritischen Beurteilung inszeniert wurde: Beleuchtungsquellen sollten sichtbar bleiben, in den Umbaupausen sollte nur eine durchscheinende Gardine als Vorhang verwendet werden, damit sichtbar blieb, daß umgebaut wurde.

Brechts Theater: Gesellschaftlich verwertbare Erkenntnis

Erstrebtes Zuschauerverhalten: Kritik des Bühnengeschehens

Besonderen Wert legte der Theaterpraktiker Brecht auf eine neue, den Verfremdungseffekt anwendende Schauspieltechnik. Der Schauspieler sollte nicht bestrebt sein, sich restlos in die darzustellende Figur zu verwandeln, er sollte vielmehr das Verhalten der Figur nur vorzeigen, sich bei diesem Agieren gleichsam selber beobachtend. So konnte der Schauspieler den Zuschauer auch auf das Auffällige der gezeigten Figur verweisen und dabei die Erfahrung vermitteln, daß dieses Verhalten auch anders vorstellbar wäre, wodurch es kritisierbar wurde.

Verfremdende Darstellung durch die Schauspieler

Strukturelemente einer epischen Dramaturgie

Brechts Theatertheorie fand ihren Niederschlag in der Dramaturgie der Stücke der Exil-Zeit. Unter Dramaturgie sollen hier alle Strukturprinzipien und Stilmittel eines Dramas verstanden werden. Brecht weicht ganz bewußt von wichtigen Strukturprinzipien der klassischen Dramenform ab, da diese auf den sich einfühlenden Zuschauer ausgerichtet ist. Die klassische Dramenform vermittelt die Suggestion einer geschlossenen Bühnenwelt, deren logische Struktur der Logik der realen Welt entspricht: Die zeitliche Ordnung der Bühnenereignisse entspricht der Ordnung realer Ereignisse, alle Teile der Handlung stehen in einem logischen Bezug zueinander, die Handlung vollzieht sich im wesentlichen durch den Dialog der Bühnenfiguren, die nur im Rahmen der Bühnenwelt agieren.

Geschlossene Dramaturgie der klassischen Dramenformen

Die Handlung eines solchen ‚geschlossenen' Dramas weist zudem eine typische Spannungskurve auf, die auch eine emotionale Gespanntheit des Zuschauers hervorruft und ihn in der einfühlenden Haltung festhält. Diese Spannung löst sich erst am Schluß des Dramas, der auch gemäß dem logischen Bauprinzip mit dem Ende der Handlung zusammenfällt.

Offene Dramaturgie des ‚epischen Theaters'

Brecht ersetzt eine solche geschlossene Dramaturgie durch eine offene Dramaturgie, weil sein Theater statt Einfühlung die kritische Distanz des Zuschauers zum Bühnengeschehen anstrebt. Daß Brecht sein Theater als ‚episches Theater' bezeichnet, hat seinen Grund darin, daß epische Literatur (Erzählung, Novelle, Roman), zumindest in ihren traditionellen Formen, ihre Handlung in sehr viel distanzierterer Form vermittelt als das klassische Drama. Epische Literatur bedient sich vielfach eines (fingierten) Erzählers. Dieser verfügt über eine gewisse Souveränität gegenüber dem, was er erzählt. Er erzählt von einem anderen Zeitpunkt aus als dem der erzählten Handlung, er kann die Ordnung des Erzählten umstellen (Rückblende), kann größere zeitliche und räumliche Sprünge in seiner Erzählung machen usw. Vielfach ergänzt der Erzähler das Erzählte noch durch Kommentare, Reflexionen, Bewertungen, die auch die Form einer direkten Ansprache an den Leser erhalten können, und rückt damit die Erzählhandlung in eine zusätzliche Perspektive. Brechts Stücke enthalten nun vergleichbare dramaturgische Mittel, die die Logik der Bühnenhandlung verfremden und das Gezeigte in eine kritische Distanz zum Zuschauer rücken.

W. Hinck hat aufgrund vergleichender Analysen der Dramen der Exil-Zeit (‚Leben des Galilei' ist nicht darunter!) wesentliche Gestaltungsmittel des epischen Theaters in einem systematischen Zusammenhang dargestellt. Die Handlung des Dramas wird im epischen Theater durch verschiedene Gestaltungsmittel relativiert, dem Zuschauer wird verdeutlicht, daß es nicht (oder nicht nur) um die dargestellten Ereignisse geht (Prolog, Szenen-Titel), der Charakter des Stücks als eines Modells zur Erkenntnis der gesellschaftlichen Wirklichkeit wird so unterstrichen. Manche Stücke sind durchgängig als Parabel konstruiert, die Bühnenhandlung als ganze ist ein Gleichnis und damit eine verfremdete Abbildung der realen Welt.

Gestaltungsprinzipien des epischen Theaters

Relativierung der Handlung (Prolog, Szenen-Titel, Parabelform)

Die Handlung des epischen Theaters wird nicht in einer festgefügten Szenenfolge dargestellt, vielmehr öfters durch handlungsfremde Elemente (Songs) unterbrochen, die der Handlung eine oft widersprüchliche kommentierende und wertende Perspektive hinzufügen und dadurch die kritische Reflexion des Zuschauers provozieren.

Unterbrechung der Handlung (Songs)

Die Handlung wird in eine Distanz zum Zuschauer gerückt dadurch, daß Brecht im Drama epische Techniken wie Rückblende verwendet, ja sogar in ‚Der kaukasische Kreidekreis' einen Erzähler als Bühnenfigur einführt, der die Handlung inszeniert und kommentiert. So wird das Bühnengeschehen dem Zuschauer als eine bewußt geplante theatralische Aktion kenntlich gemacht.

Distanzierung der Handlung (‚Erzähltechniken')

Diese Wirkung wird verstärkt durch Gestaltungsmittel, die die Handlung für den Zuschauer entschlüsseln sollen. Brechts Bühnenfiguren wenden sich manchmal aus der Spielhandlung heraus an das Publikum und teilen ihre Gedanken, Erfahrungen und Absichten mit. Im Gegensatz zum Monolog des klassischen Dramas, der die Grenzen der Bühnenwelt meist nicht überschreitet, stellen solche Publikumsansprachen eine Verbindung zwischen der ‚Welt der Bühne' und der Lebenswelt des Zuschauers her. Der Zuschauer wird so indirekt aufgefordert, die Einsichten und Erfahrungen der Bühnenfiguren auf seine eigene Lebenswelt zu übertragen.

Entschlüsselung der Handlung (Publikumsansprachen)

Die Handlung im epischen Theater ist potentiell fortsetzbar. Der Aufbau eines Dramas folgt nicht einer Logik der Handlungsentwicklung. An die

Fortsetzbarkeit der Handlung (Das Drama als lockere Bilderfolge)

Stelle einer festen Abfolge von Akten und Szenen, durch die eine in sich abgeschlossene Handlung gestaltet wird, tritt eine lockere Reihe von Bildern, die jeweils einen relativ hohen Eigenwert besitzen. Der Zuschauer soll nicht auf den Fortgang und Ausgang der Handlung gespannt sein, sondern kritisches Interesse für das Verhalten der Bühnenfiguren entwikkeln. Das offene Ende mancher Stücke Brechts – die Handlung des Stücks könnte nach Fallen des Vorhangs noch weitergehen – hat seinen Grund in den Wirkungsabsichten seines Theaters. Es kommt nicht darauf an, daß die Handlung einen Abschluß erhält und damit eine Lösung erfährt, sondern daß der Zuschauer durch die Erkenntnisse, die ihm das Theater vermittelt, Lösungen für sein gesellschaftliches Handeln gewinnen kann.

Die verschiedenen Fassungen des Stücks

Mehrere Fassungen des Stücks

‚Leben des Galilei' ist das Stück Brechts mit der längsten und komplexesten Entwicklungsgeschichte. In einem Zeitraum von fast 20 Jahren hat Brecht das Stück mehrfach neu bearbeitet. Unangetastet blieb der Handlungsaufbau des Stücks, ganz unterschiedlich ist in den verschiedenen Fassungen Tendenz und Aussage. Die Umarbeitungen geschahen, dies ist typisch für Brechts an der Theaterpraxis orientierte Arbeitsweise, im Hinblick auf geplante Aufführungen des Dramas. Die Umarbeitungen lassen aber auch den sich ändernden zeitgeschichtlichen Hintergrund spürbar werden. Der Text der Druckfassung (3. Fassung) von 1955 kann somit als Resultat der frühen Aufführungsgeschichte verstanden werden.

Erste Entwürfe und dänische Fassung

1. Fassung: Dänemark Herbst 1938

Brecht schrieb die erste vollständige Fassung des Stücks – er lebte damals im dänischen Ort Skovbostrand – im Oktober/November 1938. Das Stück entstand also zu einer Zeit, in der der Nationalsozialismus in Deutschland, vor dessen Verfolgung der Dichter schon 1933 seine Heimat hatte verlassen müssen, sich auf einem Höhepunkt seiner Machtentfaltung und internationalen Anerkennung befand. Im März war Österreich kampflos an das Deutsche Reich angeschlossen worden. Am 1. 10. war auch noch das Sudetenland dazugekommen, nachdem die Westmächte Großbritannien und Frankreich vor Hitlers Kriegsdrohungen zurückgewichen waren und auf der Münchner Konferenz Ende September ihre Garantie für die bestehenden Grenzen der Tschechoslowakei zurückgenommen hatten. Diese

Erfolge, die dem Regime trotz seiner Terrormaßnahmen (Reichskristallnacht am 9. 11. 1938) die Zustimmung der überwiegenden Mehrheit der Deutschen einbrachte, mußten Brecht zutiefst deprimieren, hatte er doch seine Arbeit während der Emigrationszeit fast ganz in den Dienst des Kampfs gegen den Faschismus gestellt. Trotzdem ist es falsch zu glauben, Brecht habe jetzt resigniert und mit ‚Leben des Galilei' zu einem unpolitischen, bloß historischen Stoff Zuflucht genommen. Wenn das Stück in seiner 1. Fassung auch weitgehend frei ist von zeitgeschichtlichen Bezügen, so behandelt es doch in historischem Gewand ein Problem, mit dem Brecht sich seit dem Heraufziehen des Faschismus ständig auseinandergesetzt hat: Wie läßt sich in Zeiten der Unterdrückung und Verfolgung die Wahrheit (des revolutionären Fortschritts der Gesellschaft) bewahren und weitergeben? Muß der ‚Wissende', der auch Träger des gesellschaftlichen Fortschritts ist, dem herrschenden Unrecht auch bei Gefahr seines Lebens entgegentreten? Oder soll er sich anpassen, um sein Wissen für kommende Zeiten zu bewahren, so wie es in Brechts berühmter Keuner-Geschichte anklingt:

Thematischer Hintergrund des Stücks: Bewahren der Wahrheit in ‚finsterer Zeit'

> „‚Wer das Wissen trägt, der darf nicht kämpfen; noch die Wahrheit sagen; noch nicht essen; noch die Ehrungen ausschlagen; noch kenntlich sein. Wer das Wissen trägt, hat von allen Tugenden nur eine: daß er das Wissen trägt,' sagte Herr Keuner." (GW 12, 376)

Offenbar sollte diese Frage am Fall des Galileo Galilei exemplarisch untersucht werden; so trugen erste Entwürfe zu dem Stück noch den Untertitel ‚Lehrstück für Arbeiter'. Von diesen ersten Skizzen her kann vermutet werden, daß Brecht anfangs durchaus mit dem Gedanken gespielt hat, Galilei als Widerstandskämpfer im Sinne der Keuner-Geschichte zu zeigen, dessen Widerruf nur eine List war, sein Wissen vor dem Zugriff der Mächtigen zu bewahren. Diese Tendenz kommt noch in dem ursprünglichen Titel des Stücks ‚Die Erde bewegt sich' zum Ausdruck, der ja ganz bewußt auf die ‚Galilei-Legende' Bezug nimmt.

In der 1. Fassung vom Herbst 1938, von der Brecht dann schon wenige Wochen später eine in einigen Details abweichende Abschrift herstellt, die erstmals den Titel ‚Leben des Galilei' trägt, ist diese Tendenz jedoch nicht mehr eindeutig. Galilei, der überragende Träger des Wissens, wird auch als ein schwacher Mensch gezeigt, der in einer entscheidenden Situation den gesellschaftlichen Zwängen nicht zu widerstehen vermochte. Brecht, der intensive Studien zu Leben und Werk Galileis und zu naturwissenschaftlichen Problemen betrieben hatte, folgt mit dem Handlungsaufbau des Stücks, der in allen Fassungen unverändert blieb, sehr genau den historischen Tatsachen. Die Ereignisse zahlreicher Bilder sind historisch belegt (2, 3, 4, 6, 7, 13), andere zumindest historisch denkbar (1, 9, 11, 14). Aus dramaturgischen Gründen nimmt Brecht allerdings einige Änderungen vor, so wenn er das Urteil von P. Clavius, das in Wahrheit brieflich übermittelt wurde, vom Jahr 1611 in das Jahr 1616 verlegt, um so die Bilder 6 und 7 unmittelbar miteinander konfrontieren zu können. Es sind allerdings aus dem 17. Jahrhundert keine lyrischen Texte bekannt, in denen das Fernrohr als Instrument der Gesellschaftskritik vorkäme. (10. Bild)

Widerruf als menschliches Versagen

Handlungsaufbau folgt den historischen Tatsachen

In der Gestaltung der einzelnen Bilder weist die 1. Fassung jedoch erhebliche Unterschiede zur 3. Fassung, der Druckfassung, auf. Bei der folgenden Übersicht der wichtigsten Unterschiede wird zur besseren Vergleichbarkeit die Numerierung der Bilder nach der Druckfassung beibehalten:

Unterschiede der 1. Fassung gegenüber der Druckfassung

Im 1. Bild ist es nicht Ludovico, sondern der angehende Theologe Doppone, der Galilei die Nachricht vom Fernrohr aus Holland bringt; Galilei erkennt sofort den materiellen Wert des Instruments. – Die Szenenabblende wird im 3. Bild nicht während des Rechenvorgangs eingesetzt, sondern erst danach, bevor Virginia zur Frühmette geht. – Im 4. Bild fehlt die Gestalt des Linsenschleifers Federzoni. – Im 7. Bild hat das Gespräch zwischen Galilei und den Kardinälen eher den Charakter eines wissenschaftlichen Disputs mit sachlichen Argumenten. – Der Galilei des 8. Bildes verfügt nicht über so präzise politisch-historische Einsichten wie in der 3. Fassung. – Im 9. Bild entspringt die Entfremdung zwischen Virginia und Ludovico nicht aus einem Konflikt zwischen Galilei und seinem ‚Schwiegersohn'. Virginia gibt hier Ludovico ihren Verlobungsring zurück, weil sie spürt, daß Galilei einen Schwiegersohn, der Angst vor der Macht der Kirche hat, nicht akzeptiert. – Die Ballade des 10. Bildes hat einen weniger gesellschaftskritischen Ton. – Im 11. Bild fehlt die Figur des Eisengießers Vanni.

Das 14. Bild in der 1. Fassung

Eine ganz andere Gestalt hatte das 14. Bild: Der alte Galilei wird von einem Beamten der Inquisition und seiner Tochter scharf bewacht. Trotzdem konspiriert er, wenn auch erfolglos, mit einem Hafner, der angeblich den Kamin richten soll, um das Manuskript der ‚Discorsi' ins Ausland zu schmuggeln. Einem Arzt gegenüber, der seine Sehkraft prüfen soll, stellt er sich blind. Anschließend läßt er sich von Virginia Gedanken des Philosophen Montaigne, der nicht an das Denken glaubt, vorlesen, wehrt sich aber gegen dessen „Kapitulations-Haltung". Es folgt die Unterredung mit Andrea. Auch in der 1. Fassung dieses Gespräches geht es zuerst um die Auswirkungen und die wahren Motive von Galileis Widerruf. Galilei gibt hier zu verstehen, daß er nicht aus List, sondern aus Angst vor Folter und Tod abgeschworen hat; er ist aber trotz der Anwesenheit seiner Tochter, die hier erst ganz am Ende des Dialogs den Raum verläßt, immer wieder bestrebt, bestätigt zu erhalten, daß sein Versagen keine negativen Folgen für den Fortgang der Wissenschaft gehabt hat. Galilei erscheint hier nicht, wie dies die 3. Fassung nahelegt, als ein zynischer alter Mann, der allein noch aus Gewohnheit und durch die Schärfe seines analytischen Verstandes mit der Welt der Wissenschaft verbunden ist, sondern als ein Mensch, der von der Macht der Inquisition gebrochen wurde, gleichwohl Scham und Reue für dieses Versagen empfindet und sich aus Verantwortung, obwohl immer noch Wissenschaftler, selber aus dem Bereich der Wissenschaft ausschließt. Seine Selbstverurteilung, die hier in der Mitte des Gesprächs mit Andrea steht, hat aber noch nicht die gesellschaftlich-kritische Schärfe der 3. Fassung:

GALILEI Ich habe mir in freien Stunden, deren ich viele habe, überlegt, wie in den Augen der wissenschaftlichen Welt, der ich ja nicht mehr angehöre, wenn ich auch noch einige ihrer Gedankengänge kenne, mein Verhalten erscheinen muß. (Akademisch sprechend, die Hände über dem Bauch gefaltet.) Sie wird zu erwägen haben, ob sie sich damit begnügen kann, daß Ihre Mitglieder an sie eine bestimmte Anzahl von Sätzen abliefern, sagen wir über die Tendenzen fallender Körper oder die Bewegungen gewisser Gestirne. Ich habe mich, wie erwähnt, von der Denkweise der Wissenschaft ausgeschlossen, jedoch nehme ich an, daß sie bei Gefahr der Vernichtung nicht imstande sein wird, ihren Mitgliedern alle weitergehenden Verpflichtungen zu erlassen. Z. B. die Verpflichtung, an der Aufrechterhaltung ihrer selbst als Wissenschaft mitzuarbeiten. Selbst ein Wollhändler muß, außer billig einzukaufen und solide Wolle zu liefern, auch noch darum besorgt sein, daß der Handel mit Wolle überhaupt erlaubt ist... Demzufolge kann ein Mitglied der wissenschaftlichen Welt logischerweise nicht auf seine etwaigen Verdienste als Forscher verweisen, wenn er versäumt hat, seinen Beruf als solchen zu ehren und zu verteidigen gegen alle Gewalt. Dies ist aber ein umfangreiches Geschäft. Denn die Wissenschaft beruht darauf, daß man die Fakten nicht den Meinungen unterwerfen darf, sondern die Meinungen den Fakten unterwerfen muß. Sie ist nicht in der Lage, diese Sätze einschränken zu lassen und sie nur für „einige Meinungen" und „die und die Fakten" aufzustellen. Um sicher zu sein, daß diese Sätze allzeit uneingeschränkt von ihr vollzogen werden können, muß die Wissenschaft dafür kämpfen, daß sie auf allen Gebieten geachtet werden. Die Wissenschaft befindet sich nämlich mit der gesamten Menschheit in einem Boot. So kann sie nicht etwa sagen: Was geht es mich an, wenn am andern Ende des Bootes ein Leck ist! Sie steht so für die Vernunft, welche eine zu große Sache ist, als daß sie je in einem Kopf Platz hätte. Die Vernunft ist eine Sache, in welche die Menschen sich teilen. Sie kann als die Selbstsucht der gesamten Menschheit bezeichnet werden. Die Wissenschaft kann Menschen, die es versäumen, für die Vernunft einzutreten, nicht brauchen. Sie muß sie mit Schande davonjagen, denn sie mag so viele Wahrheiten wie immer wissen, in einer Welt der Lüge hätte sie keinen Bestand. Wenn die Hand, die sie füttert, ihr gelegentlich und ohne Warnung an die Gurgel greift, wird die Menschheit sie abhauen müssen. Das ist der Grund, warum die Wissenschaft einen Menschen wie mich nicht in ihren Reihen dulden kann.

Erst jetzt gesteht er Andrea, er habe die ‚Discorsi' zu Ende geschrieben, und es wird klar, wie besorgt der alte Mann um sein Werk ist:

GALILEI Ich erliege immerfort der Versuchung. Ich wollte es nicht, aber ich tue es. Ich bin ein Sklave meiner Gewohnheiten, und meine Strafe wird einmal hart sein.
ANDREA (weint)
GALILEI Sagtest du etwas? Ich lebe nun in ständiger Furcht, in ständiger Furcht, daß diese Schrift irgendwie in unrechte Hände kommen und im Ausland gelesen werden könnte, wo man die außerordentlich gewichtigen Argumente der Inquisition nicht so kennt wie ich und also aus meinen Ausführungen völlig irrige Schlußfolgerungen ziehen könnte.

Er bittet Andrea mehrfach indirekt, die Schrift mitzunehmen, ihn zu enteignen, auch dadurch, daß er selber, Galilei, der sich als Lügner entpuppt habe, nicht als Autor genannt werde.
Nach Übergabe des Manuskripts an Andrea, gibt Galilei noch einen Ausblick auf die Zukunft der Vernunft, die eine zu große Sache sei, als daß sie in einem einzigen Kopf Platz hätte.

> „Aber selbst ein Mensch wie ich kann ja noch sehen, daß die Vernunft nicht am Ende ist, sondern am Anfang. Ich bleibe auch dabei, daß dies eine neue Zeit ist. Sollte sie aussehen wie eine blutbeschmierte alte Vettel, dann sähe eben eine neue Zeit so aus! Der Einbruch des Lichts erfolgt in allertiefste Dunkelheit. Während an einigen Orten die größten Entdeckungen gemacht werden, welche die Glücksgüter der Menschen unermeßlich vermehren müssen, liegen große Teile dieser Welt ganz im Dunkel. Die Finsternis hat dort sogar noch zugenommen! Nimm dich in acht, wenn du durch Deutschland fährst und die Wahrheit unter dem Rock trägst." (zit. nach E. Schumacher, Drama und Geschichte)

Die letzten Sätze müssen sicherlich als eine Anspielung auf die politische Situation des Jahres 1938 verstanden werden.
Brecht hat dem fertigen Stück, das aufgrund der Zeitumstände jahrelang keine Uraufführungsbühne fand, anfangs wenig Beachtung geschenkt. Er fand, es sei „technisch ein großer rückschritt", man müsse es völlig neu schreiben „ohne die interieurs, die

'atmosphäre', die einfühlung" (AJ [= Arbeitsjournal] 25. 2. 1939). Uraufgeführt wurde die 1. Fassung am 7. 9. 1943 am Zürcher Schauspielhaus, Brecht lebte damals schon seit über 2 Jahren im amerikanischen Santa Monica. Die Zürcher Aufführung zeigte, in den Augen der Theaterkritik, einen Galilei, der durch das Entstehen der 'Discorsi' letztlich doch als Sieger aus dem Schauspiel hervorgeht.

Uraufführung 1943 – Die zweifelhafte Moral des Stücks

Von dieser 'Moral des Stücks' zeigt sich Brecht 1944, als Pläne für eine amerikanische Aufführung entstanden, sehr viel mehr beunruhigt als von 'formalen Schwächen' des Stücks.

Die Entstehung der amerikanischen Fassung

Brecht sah Galilei jetzt kritischer:

> „g. gab den eigentlichen fortschritt preis, als er widerrief. er ließ das volk im stich, die astronomie wurde wieder einfach domäne der gelehrten, unpolitisch, isoliert, die kirche trennte diese 'probleme' des himmels von denen der erde, festigte ihre herrschaft und erkannte danach die neuen lösungen bereitwillig an." (AJ 6. 4. 1944)

Der Entstehungsprozeß der zweiten Fassung

Im Dezember 1944 begann Brecht gemeinsam mit dem Schauspieler Charles Laughton, der eine Aufführung in den USA zustande bringen wollte, mit einer grundsätzlichen Überarbeitung des Stücks. Dieser gemeinsame Arbeitsprozeß, der Ende 1945 abgeschlossen wurde, war ein sehr komplexer Vorgang. Brecht übersetzte den Text Satz für Satz ins Englische, das er nur unvollkommen beherrschte. Laughton, der kein Deutsch verstand, prüfte die Sätze durch 'Vorspielen' und korrigierte dann mit Brecht den Text so lange, bis Formulierungen gefunden waren, die dem Zuschauer den Sinn des in der theatralischen Situation gesprochenen Satzes klar verständlich werden ließ. Dabei wurde die szenische Auslegung der Hauptfigur durch den Schauspieler Laughton zum Kriterium weitreichender Verände-

Der 'soziale Verbrecher' Galilei entsteht

rungen. Laughton war, „getrieben von seinem theatralischen instinkt“, wie Brecht notiert, von der Darstellung der verbrecherischen Dimension der Galilei-Figur fasziniert, was vor allen Dingen in der Neugestaltung des 14. Bildes seinen Niederschlag fand. Galileis Selbstverurteilung erfolgte jetzt erst nach Übergabe der ‚Discorsi‘, konnte also dadurch nicht wieder aufgewogen werden. Positive Züge Galileis und der Handlung entfielen (‚Rede auf die neue Zeit‘ 1. Bild, das ganze 5. und 15. Bild); der soziale Verbrecher Galilei erhielt auch durch die Veränderung anderer Abschnitte schärfere Konturen (Vorverurteilung seines eigenen Verhaltens im 8. Bild, Gespräch mit Vanni, damals noch ‚Matti‘, im 11. Bild). Auch die Ludovico-Figur, die jetzt schon im 1. Bild eingeführt wird, gewann ein gesellschaftliches Profil, wodurch sich der Konflikt des 9. Bildes verschärfte.

Der Bearbeitungsprozeß mit dem ‚unpolitischen‘ Laughton erbrachte ein überraschendes Ergebnis:

> „häufig führte die aus ästhetischen Gründen vorgenommene änderung zu einer politischen verschärfung und l. war jedesmal sehr zufrieden hiermit.“ (AJ 10. 12. 1945)

Entlarvung der Galilei-Legende

Das Stück erhielt jetzt den Charakter der Entlarvung der ‚Galilei-Legende‘. Dieser Eindruck wurde teilweise noch verstärkt durch die Epigramme, die Brecht hinzufügte und die von Hanns Eisler vertont wurden.

Der Atombombenabwurf von Hiroshima

Während der Zeit der Zusammenarbeit mit Laughton kam es am 6. und 8. 8. 1945 zu den Atombombenabwürfen von Hiroshima und Nagasaki.

> „Von heute auf morgen las sich die Biographie des Begründers der neuen Physik anders. Der infernalische Effekt der großen Bombe stellte den Konflikt des Galilei mit der Obrigkeit seiner Zeit in ein neues, schärferes Licht.“ (GW 17, 1106)

Auswirkung auf die Deutung des Stücks

Zwar kann das neue ‚Galilei-Bild‘ der 2. Fassung nicht als Resultat und Reflex dieser Ereignisse betrachtet werden, aber der ‚Fall Galilei‘ konnte doch jetzt als Sündenfall der Wissenschaft gelesen werden, der schließlich zur Atombombe führen mußte.

Dies kommt auch im neu geschriebenen Prolog der amerikanischen Aufführungen zum Ausdruck:

> Verehrtes Publikum der Breiten Straße
> Wir laden Sie heute in die Welt der Kurven und Maße
> Zu entschleiern vor Ihrem Kennerblick
> Die Geburtsstunde der Physik.
> Sie sehen das Leben des großen Galileo Galilei.
> Den Kampf des Fallgesetzes mit dem gratias dei
> Der Wissenschaft mit der Obrigkeit
> An der Schwelle der Neuzeit.
> Sie sehen die Wissenschaft jung und drall
> Und Sie sehen ihren Sündenfall.
> Noch ist das Wahre nicht die Ware
> Doch hat es schon dies Sonderbare
> Daß es die vielen nicht erreicht
> Und macht ihr Leben schwer statt leicht.
> Solche Betrachtung scheint uns heut aktuell
> Die Neue Zeit verrinnt besonders schnell –
> Wir hoffen, Sie leihen Ihr geneigtes Ohr
> Wenn nicht uns, so doch unserm Thema, bevor
> Infolge der nicht gelernten Lektion
> Auftritt die Atombombe in Person.

Reservierte Aufnahme der amerikanischen Inszenierung

Die beiden amerikanischen Aufführungen mit Laughton in der Titelrolle, die auf kleinen Privattheatern in Beverly Hills (Juli 1947) und New York (Dezember 1947) stattfanden, fanden wenig Resonanz beim Publikum. Die Theaterkritik war, gerade wegen der Entlarvung der Galilei-Legende, aber auch wegen der distanzierten, epischen Spielweise der Schauspieler, sehr reserviert.

Die dritte, Berliner Fassung und Brechts geplante Aufführung

Entstehung der 3. Fassung

Nach seiner Rückkehr aus dem Exil 1947 und seiner Übernahme des (Ost-)Berliner Ensembles hat Brecht die Möglichkeit erhalten, seine Vorstellung von einem neuen, episch-dialektischen Theater in praktische Theaterarbeit einfließen zu lassen. Erst relativ spät (1953/54) hat er sich auch wieder dem Galilei-Stück zugewendet und seine Mitarbeiter gebeten, aus den beiden vorliegenden Fassungen eine neue Bühnenfassung zu erstellen, die er dann für die geplante Berliner Inszenierung des Stücks noch bearbeitet hat. Diese Berliner Fassung, die mit der Druckfassung weitgehend identisch ist, wurde allerdings zuerst in der Bundesrepublik, am 16. 4. 1955 im Kölner Schauspielhaus, aufgeführt. Erst am 15. 1. 1957, fünf Monate nach Brechts Tod, erfolgte die Berliner Premiere mit Ernst Busch in der Titelrolle.

Zeitgeschichtlicher Hintergrund der 3. Fassung

Inzwischen war die Zeit des Kalten Krieges ausgebrochen, und die Bedrohung der Menschheit durch die Atombombe hatte durch die Entwicklung der Wasserstoffbombe und den Verlust des US-amerikanischen Atombombenmonopols eine neue Qualität erhalten. Ob aktuelle Ereignisse dieser Jahre – der Prozeß gegen den Physiker Oppenheimer, dem Sympathien für den Kommunismus vorgeworfen wurden, oder die Hinrichtung der Atom-Spione Rosenberg in den USA – der Anlaß für Brecht waren, an eine Inszenierung des Galilei-Stücks zu gehen, kann nicht mit Sicherheit gesagt werden. Daß jedoch im Zeichen der verschärften atomaren Bedrohung die soziale Verantwortung des Wissenschaftlers ein Gesichtspunkt blieb, unter dem das Stück betrachtet werden sollte, klingt in einer Textstelle an, um die Brecht jetzt Galileis Rede im 14. Bild ergänzte:

> „Hätte ich widerstanden, hätten die Naturwissenschaftler etwas wie den hippokratischen Eid der Ärzte entwickeln können, das Gelöbnis, ihr Wissen einzig zum Wohle der Menschheit anzuwenden! Wie es nun steht, ist das Höchste, was man erhoffen kann, ein Geschlecht erfinderischer Zwerge, die für alles gemietet werden können." (S. 126)

Veränderungen gegenüber der 2. Fassung

Die Veränderungen der 3. gegenüber der 2. Fassung sind nicht sehr groß, beschränken sich meist auf stilistische Verbesserungen. Obschon so die Tendenz erhalten bleibt, Galilei als sozialen Verräter zu zeigen, fügt Brecht doch auch wieder schon gestrichene Textstellen ein, in denen Galilei als große und charakterfeste Persönlichkeit erscheint. (‚Rede auf die neue Zeit', 5. Bild, 15. Bild)

Probenarbeit zu einer widersprüchlichen Theaterfigur

Den widersprüchlichen Charakter Galileis hat Brecht auch auf den Proben zur Berliner Aufführung, die er vom 14. 12. 1955 bis 27. 3. 1956 noch selber leitete, herauszuarbeiten versucht. Galilei sollte als ‚Held der Wissenschaft' und zugleich als ‚sozialer Verräter' gezeigt werden. Um dies zu erreichen, brachte Brecht E. Busch und seine Mitspieler dazu, bei den Proben zu dem wichtigen 14. Bild zuerst alle Akzente auf die moralische Verkommenheit Galileis zu legen. Er sollte seine ‚mörderische Analyse' als einen letzten Beweis seines brillanten Gehirns zynisch genießen. Dann wieder, bei anderen Proben, versuchte er die positiven Züge der Figur herauszuarbeiten. Dieses Verfahren machte den Schauspielern die Widersprüche klar, die sie in ihrer Einheit dem Zuschauer zu zeigen hatten.

Das Stück im Lichte von Brechts Theatertheorie

Brecht hat 1939 ‚Leben des Galilei' aus ästhetischen Gründen kritisiert, in seinen Bearbeitungen des Dramas aber primär die Tendenz des Stückes verändert, wodurch das Stück eine vielschichtigere Thematik erhalten hat. Auf diesem Hintergrund läßt sich die Komposition der 3. Fassung des Dramas als eine Synthese von aristotelischer (geschlossener) und nichtaristotelischer (offener) Dramenform beschreiben.

Synthese von geschlossener und offener Dramenform

Epische Strukturelemente

Nur wenige formale Gestaltungsmittel des epischen Theaters

Im Vergleich zu anderen Stücken Brechts aus der Zeit des Exils enthält das Stück nur wenige formale Gestaltungsmittel eines epischen Theaters. Eine Relativierung der Handlung erfolgt nur ansatzweise, etwa in den Epigrammen zum 2. und 13. Bild; im Gegensatz zur amerikanischen Fassung entfiel der Prolog. Die Handlung wird auch nicht durch handlungsfremde Elemente (Songs) unterbrochen und verfremdet. Handlungsdistanzierende Gestaltungsmittel (Erzähler etc.) sind noch nicht einmal ansatzweise vorhanden. Eine Entschlüsselung der Handlung durch Formen der direkten oder indirekten Zuschaueransprache der Bühnenfiguren erfolgt (scheinbar) nicht. Eine Fortsetzbarkeit der Handlung ist angesichts des alten verbitterten Galilei des 14. Bildes kaum vorzustellen. Der Eindruck einer geschlossenen Dramaturgie wird noch durch den Aufbau der Handlung und die vielfache Verklammerung der einzelnen Bilder verstärkt.
Trotzdem weist das Stück auch Züge einer epischen Dramaturgie auf, die jedoch in die traditionelle Dramenform hineingenommen werden.

Auch in ‚Leben des Galilei' wird die Handlung durch eine reflektierend-kommentierende Perspektive ergänzt und verfremdet; dies geschieht jedoch im Rahmen der Handlung selber, durch die zahlreichen Reflexionsdialoge der Bühnenfiguren (Bild 3, 8, 12). Das 14. Bild mit der ‚mörderischen Analyse' Galileis, bei der er gleichsam über sein eigenes Verhalten zu Gericht sitzt, wirkt wie ein Kommentar zu der Handlung der Bilder 1–13. Auch hier kann also, durch den Gegensatz verschiedener Schichten der Handlung, verstärkt noch durch die kommentierende Funktion der Epigramme, ‚Verfremdung' im Sinne einer kritischen Erkenntnis des Zuschauers erreicht werden. Verfremdung bewirkt auch das Prinzip des Widerspruchs, das generell und auf verschiedenen Ebenen die Komposition des Stücks durchzieht. Man mag dieses Prinzip ‚dialektisch' nennen, wie Brecht ja auch seit 1948 vom ‚Dialektischen Theater' gesprochen hat, wenn damit gemeint ist, daß Widersprüche vom Zuschauer in ihrer Einheit durchschaut werden sollen.

‚Verfremdung' durch mehrere Schichten der Handlung

‚Widerspruch' als Erkenntnis provozierendes Strukturprinzip

Dies läßt sich am ‚widersprüchlichen' Bauprinzip der Bilder (Parallele und Kontrast) beispielhaft zeigen: Nicht nur wird durch die Anordnung der Bilder die Bestätigung von Galileis Lehren durch die Kirche (6. Bild) mit dem Verbot seiner Lehren durch die Kirche (7. Bild) konfrontiert, sondern es wird verdeutlicht, daß die Kirche die Lehren des Kopernikus verbietet, weil sie ihre Wahrheit anerkannt hat. Die Einheit beider gegenläufiger Handlungen läßt die Kirche in ihrem wahren Wesen, als gesellschaftliche Macht, erscheinen. Ähnliche Überlegungen ließen sich zu anderen Bildern (10./11. Bild; 2./4. Bild, wobei hier auch das Fernrohr als dialektisches Symbol von Bedeutung ist) anstellen.

Bauprinzip ‚Parallele/Kontrast' als dialektischer Widerspruch

Verfremdung und Sprachgestaltung

Auch die sprachliche Ebene des Dramas ist von Widersprüchen, Gegensätzen, Kontrasten geprägt.

Antithetik von Begriffen/Sätzen

Begriffe erscheinen in enger Verknüpfung mit ihrem Gegenteil: „die alte Zeit ist herum, und es ist eine neue Zeit“ (S. 9) – „Sollen wir die menschliche Gesellschaft auf den Zweifel begründen und nicht mehr auf den Glauben?“ (S. 105)
Sätze erhalten eine antithetische Struktur:

> „Viele Gesetze, die weniges erklären, während die neue Hypothese wenige Gesetze hat, die vieles erklären.“ (S. 21)

Selbst Rede und (verzögerte) Gegenrede stehen sich als These und Antithese gegenüber:

Andrea „Unglücklich das Land, das keine Helden hat.“
Galilei „Nein. Unglücklich das Land, das Helden nötig hat.“ (13. Bild)

Logischer Widersinn

Sprachlicher Widerspruch kann als ‚Widersinn‘ erscheinen. Wenn Ludovico im 9. Bild sagt:

> „Vergessen Sie nicht ganz, daß diese Bedauernswerten [die Bauern] in ihrem vertierten Zustand alles durcheinanderbringen. Sie sind wirkliche Tiere, Sie können sich das kaum vorstellen. Auf das Gerücht, daß auf einem Apfelbaum eine Birne gesehen wurde, laufen sie von der Feldarbeit weg, um darüber zu schwatzen.“ (S. 91)

entlarvt sich die Aussage durch das nachfolgende Beispiel, das ja eher die Intelligenz der Bauern bestätigen würde, gleichsam selbst als falsch.

Zusammenfügen scheinbar unvereinbarer Bedeutungsfelder

Auch das Zusammenfügen scheinbar unvereinbarer Bedeutungsfelder verhilft dem Leser/Zuschauer zu Einsichten, die selber nicht zur Sprache kommen; so läßt die Verbindung von ‚Philosophie‘ und ‚Verkaufbarkeit‘ (Priuli) die gesellschaftliche Rolle der Philosophie, die Macht der Mächtigen zu legitimieren und damit zu bewahren, deutlich werden.

Metaphern als Leitmotive

Eine ähnliche Funktion haben bestimmte Metaphern, die wie ‚Leitmotive‘ immer wieder im Stück auftauchen. So erscheint ‚Milch‘ als Metapher für den Bereich des Materiellen, Sinnlichen, Gesellschaftlichen immer in enger Verbindung mit dem Bereich des Geistig-Wissenschaftlichen:

„Stell die Milch auf den Tisch, aber klapp kein Buch zu." (S. 7)
„Dazu, daß man es begreift, arbeite ich und kaufe die teuren Bücher, statt den Milchmann zu bezahlen." (S. 11)
„Zwei Knäblein, so geht die Mär, empfingen Milch und Zuflucht von einer Wölfin. Von der Stunde an müssen alle Kinder der Wölfin für ihre Milch zahlen. Aber dafür sorgt die Wölfin für alle Arten von Genüssen, himmlische und irdische, von Gesprächen mit meinem gelehrten Freund Bellarmin bis zu den drei oder vier Damen von internationalem Ruf." (S. 67)
„Der Kampf um die Meßbarkeit des Himmels ist gewonnen durch Zweifel, durch Gläubigkeit muß der Kampf der römischen Hausfrau um Milch immer aufs neue verlorengehen." (S. 125)

Ein anderes Leitmotiv ist das ‚Sehen', verstanden als Durchschauen von wissenschaftlichen, aber auch gesellschaftlichen Zusammenhängen; ein Sehen, das als vernünftiges, nach Begründung fragendes Sehen dem bloßen Glotzen gegenübersteht.
Komisch und verfremdend zugleich wirkt das Spiel mit doppelten Bedeutungen.

Komik und Verfremdung

DER KURATOR Aber es wird Ihnen vielleicht doch nicht angenehm sein, wenn der Herr hört, was vorgefallen ist. Es ist leider etwas ganz und gar Unglaubliches.
GALILEI Herr Sagredo ist es gewohnt, in meiner Gegenwart Unglaublichem zu begegnen, wissen Sie. (S. 29)

Diesen doppelten Aspekt hat auch der Gegensatz von Rede und Handlung. Wenn der sehr alte Kardinal im 6. Bild, nachdem er überheblich gesagt hat, es kommt „unwiderleglich alles an auf mich, den Menschen", zusammenbricht, dann wird dadurch auch die Ideologie als brüchig entlarvt, der er seine Überheblichkeit verdankt.
Auffallend ist die Häufigkeit der Verwendung von Zitaten meist biblischen Ursprungs. Ein Verfremdungseffekt entsteht hier dadurch, daß die ursprünglich religiöse Dimension der Zitate mit einem gesellschaftlich-politischen Sinnzusammenhang konfrontiert wird, was beispielhaft im Zitatenduell des 7. Bildes zum Ausdruck kommt.

Bibel-Zitate

Der gesellschaftliche Gestus der Nebenfiguren

Verhalten und Sprache einiger Nebenfiguren erscheinen in der 3. Fassung stärker als in der 1. Fassung durch ihre gesellschaftliche Rolle bestimmt.

Ludovico – der Gutsbesitzer-Sohn

Dies wird ganz deutlich an Ludovico Marsili, der sein Verhalten im 9. Bild ganz an den Interessen seines Standes, der Gutsbesitzerschicht, ausrichtet. Seine Sprache ist betont höflich und distinguiert; statt persönlicher Gefühle und Einschätzungen äußert er allgemeine, an gesellschaftlichen Konventionen orientierte Urteile: „Meine Frau wird auch im Kirchenstuhl unserer Dorfkirche Figur machen müssen." (S. 89) Bezeichnenderweise beruft er sich ständig, statt eigene Ansichten zu äußern, auf ‚die Mutter'.

Der Bürger Vanni

Der Eisengießer Vanni im 11. Bild erscheint ganz als Repräsentant des den gesellschaftlich-politischen Fortschritt tragenden Bürgertums. – Priuli, der Beamte der Republik, ist zutiefst von der Logik des ‚freien Marktes' überzeugt, die in seinen Worten den Charakter eines Naturgesetzes gewinnt (‚Skudi

Priulis widersprüchlicher Freiheitsbegriff

wert ist nur, was Skudi bringt' S. 18). Die Rücksichtslosigkeit dieses ‚Gesetzes', die Galilei zu spüren bekommt (1. Bild), sucht er durch eine ‚Ethik des Handels' und eine Idealisierung der bürgerlichen Freiheit der Wissenschaft zu überdecken. Sein Verständnis von Freiheit bleibt widersprüchlich: Da für die bürgerliche Schicht Venedigs wissenschaftliche Forschung Bedeutung nur im Zusammenhang mit ökonomischem Profit gewinnt, muß die Forschung einerseits wirklich frei sein, ihre effizienten Methoden der Welterkenntnis und -beherrschung anzuwenden, kann aber nicht frei sein in der Wahl ihrer Forschungsaufgaben.

Hohe Geistlichkeit: Wissenschaftler und Repräsentanten der Macht

Auch der ‚soziale Gestus' der Vertreter der hohen Geistlichkeit (Barberini, Bellarmin, Inquisitor) läßt sich als Einheit von Widersprüchen beschreiben. Sie sind zugleich wissenschaftlich gebildete Männer oder sogar selber Wissenschaftler und Vertreter einer Kirche, die wissenschaftliche Lehren als Ketzerei verbietet. Barberini und Bellarmin erscheinen als aufgeklärte Männer, die „mit der Zeit gehen“ wollen (S. 66), als geistreich-witzige Plauderer, die nur bisweilen hinter der Maske ihrer Freundlichkeit etwas von ihrem Machtanspruch aufblitzen lassen. Auch der Inquisitor, der ganz offen, sogar mit leisem Spott auf die wahren Ursachen des Dekrets zu sprechen kommt (S. 72), ist alles andere als ein fanatischer Kämpfer gegen den Unglauben, wie seine Amtsbezeichnung vermuten lassen könnte. Das Verhalten der ‚geistlichen Herren‘, dies macht das 12. Bild besonders deutlich, ist Ausdruck einer Logik des Machterhalts, der eine Einsicht in die gesellschaftliche Sprengkraft der neuen Wissenschaft zugrunde liegt.

Gelehrte (4. Bild): Repräsentanten des geschichtlich Überholten

Auch die Hofgelehrten des 4. Bildes, dies hat Brecht bei den Berliner Theaterproben besonders deutlich herauszuarbeiten versucht, sind durch einen sozialen Gestus geprägt. Ihre geschraubte Diktion und ihr prätentiöses Gehabe sind nicht nur Karikatur eines Gelehrtentyps, der durch die neue Wissenschaft geschichtlich überholt ist, sondern auch Ausdruck der historisch überholten höfischen Lebensform.

Figurenkonstellation

Den Repräsentanten der ‚alten Ordnung‘ stellt Brecht jeweils andere Figuren, die für die ‚neue Zeit‘ stehen, gegenüber:

Die Hofgelehrten	–	Linsenschleifer Federzoni
Die (großen) Kirchenfürsten	–	Der Kleine Mönch Fulganzio
Ludovico, der ‚Schwiegersohn‘	–	Andrea, der ‚geistige Sohn‘

Auch diese Figuren sind durch ihren gesellschaftlichen Gestus charakterisiert, erscheinen dabei aber ebenfalls in sich widersprüchlich.

Federzoni: Handwerker und Gelehrter

Federzoni ist ‚Linsenschleifer und Gelehrter‘ (S. 45). Er ist Vertreter einer gesellschaftlich produktiven Schicht, des Handwerkerstandes, geprägt von einer pragmatisch-realistischen Einschätzung der Dinge – er hält einen Widerruf Galileis immerhin für möglich im 13. Bild – und gerade deshalb Träger eines neuen, gesellschaftlich produktiven Wissens.

Fulganzio: Geistlicher und Wissenschaftler

Fulganzio ist zugleich Geistlicher und Wissenschaftler. Dieser Gegensatz, der ihn mit den Kirchenfürsten verbindet, ist jedoch in seiner Person schärfer und unversöhnlicher ausgeprägt. Wie er der ernsthaft um seinen Glauben Ringende ist (er sucht im 8. Bild humane Gründe für das Edikt zu finden), ist er auch der leidenschaftlich um Wissen Bemühte. Seine Ernsthaftigkeit, darauf verweist das Epigramm zum 8. Bild, ist nur auf dem Hintergrund seiner bäuerlichen Herkunft zu verstehen, einer Klasse, der es um die Wahrheit zu tun sein kann und muß, da sie keine Macht besitzt, um deren Erhalt es ihr zu tun sein könnte. Fulganzio scheitert jedoch, wie Federzoni, in dem Versuch, beide Seiten seiner ‚Natur' miteinander zu vereinbaren.

Andrea, der enttäuschte ‚Sohn'

Fulganzios Wissensdurst ist vergleichbar mit dem des jungen Andrea im 1. Bild, dessen auffallende Neugier dort mit dem bloß konventionellen Interesse des jungen Ludovico an der Wissenschaft konfrontiert wird. Andreas Verhalten wie auch das Verhalten Virginias ist jedoch primär durch die überragende ‚Vaterfigur' Galilei bestimmt, ist weniger sozialer Gestus als das der anderen Figuren. Seine ganze Identität als Wissenschaftler, dies wird im 1. Bild klar, verdankt Andrea dem Vorbild Galileis. So erscheint seine bis zu körperlicher Übelkeit sich steigernde Verachtung für den ‚Verräter' Galilei im 13. Bild als eine aus übergroßer Bewunderung hervorgehende übergroße Enttäuschung. Auch das rasche Umschlagen von demonstrativer Verachtung in die Bereitschaft, Galileis Widerruf gegen alle möglichen Einreden zu entschuldigen (14. Bild), spiegelt dieses besondere Verhältnis Andreas zu Galilei.

Virginia, die ‚enttäuschte' Tochter

Daß Virginia, Galileis ungeliebte Tochter, im 14. Bild als ‚Instrument der Inquisition' fungiert, erscheint nicht zuletzt als Konsequenz von Galileis Verhalten ihr gegenüber. Galilei hat seine Tochter nicht nur aus dem Kreis der Vernünftigen ferngehalten (3. Bild), sondern sie zudem noch um ihr privates ‚Glück' gebracht (9. Bild).

Frau Sarti: Die praktische Vernunft des ‚kleinen Mannes'

Widersprüchliches auch bei Frau Sarti: Trotz des Beweises ihrer Vernünftigkeit (3. Bild) glaubt sie nicht an den Sieg der Vernunft und den Erfolg Galileis (1. Bild, 4. Bild). Sie gehört zum Typus jener durch die gesellschaftlichen Verhältnisse gebeutelten ‚kleinen Leute', denen wir in anderen Stücken Brechts öfters begegnen, deren praktische Vernunft allein in einem gesteigerten Realitätssinn zum Ausdruck kommt und deren Glaube einzig darin besteht, daß man mit den Wölfen zu heulen habe, um nicht noch um den Rest seines bescheidenen Lebensglücks betrogen zu werden. Bezeichnenderweise hätte sie an Galileis Stelle den Hofgelehrten im 4. Bild erst einmal ein „gutes Abendessen“ vorgesetzt. (S. 40)

Galileis gebrochene Figurenperspektive

Galileis Verhalten ist von Widersprüchen geprägt

Der Widerspruch als Mittel der Figurenkonzeption findet bei Galileo Galilei, der zentralen Figur des Dramas, die vielfältigste Ausgestaltung: Galilei ist vernünftig, vorsichtig-prüfend in Dingen der Wissenschaft, aber unvernünftig in der Einschätzung des Verhaltens der Mächtigen; er verachtet die ‚Filze‘ von der Signoria, stellt sich aber ‚mit tiefer Freude und aller schuldigen Demut‘ in ihren Dienst; er glaubt an die praktische Vernunft der einfachen Menschen, aber nicht an die Intelligenz seiner Tochter; er äußert Einsichten über den wahren, machtpolitischen Charakter des Edikts, aber er schweigt acht Jahre lang; er weiß um die revolutionäre Sprengkraft seiner Forschungen und fördert diese, indem er in der Volkssprache schreibt, aber er leugnet im 11. Bild eine solche Bedeutung seines Werkes; er zeigt Mut im Angesicht der Pest, um die Wahrheit seiner Lehre vor seinen Feinden verteidigen zu können, aber er versagt vor der Inquisition und gibt die Wahrheit seiner Lehren dem Angriff seiner Feinde preis.

Galileis Widersprüchlichkeit ist jedoch von anderer Art als diejenige der Nebenfiguren. Deren Widersprüche sind Ausdruck ihres sozialen Gestus; sie lassen dem Zuschauer die gesellschaftliche Gebundenheit ihres Verhaltens erkennbar werden, lösen sich vor diesem Hintergrund aber auch auf. Insofern z. B. Barberini als oberster Garant der weltlichen Macht der Kirche in Erscheinung tritt, wirkt sein Verhalten durchaus konsequent. Galileis Verhalten

Elemente aristotelischer und nichtaristotelischer Figurenkonzeption

jedoch bleibt widersprüchlich, es ist nicht eindeutig durch einen sozialen Gestus ausgeprägt. Die Galilei-Figur, und das macht den Kern ihrer Widersprüchlichkeit aus, vereinigt Elemente einer aristotelischen mit solchen einer nichtaristotelischen Figurenkonzeption. Galilei ist zum einen der große Einzelne, dessen Verhalten aus seinem Charakter heraus erklärbar ist: Seine epikuräische, sinnenfrohe Natur, in die auch sein Denken und Forschen einbezogen ist, macht ihn zu einem bahnbrechenden Wissenschaftler und Lehrer, läßt ihn aber auch vor der Inquisition versagen. Andererseits erscheint diese Entwicklung nicht als tragischer Konflikt, da Galilei, wie im 8. und 11. Bild anklingt, einen bewußten, gesellschaftlich bedeutsamen Entschluß faßt, der auch anders hätte ausfallen können.

Die Widersprüchlichkeit der Galilei-Figur ist nicht in erster Linie ein Verfremdungsmittel, das dem Zuschauer die Erkenntnis der gesellschaftlichen Zusammenhänge des Bühnengeschehens ermöglicht. Sie provoziert vielmehr in erster Linie eine wertende Stellungnahme zu Galileis Verhalten vor dem Hintergrund seiner unbezweifelbaren historischen Bedeutung. Dies wird durch die Selbstverurteilung Galileis im 14. Bild besonders deutlich, mit der Galilei eine solche Bewertung beispielhaft selber vollzieht. Brecht verlagert hier eine zweite, wertende Perspektive auf die Handlung in die handelnde Bühnenfigur selbst. Wenn Galilei sich hier vorwirft, er habe ‚als Wissenschaftler eine einzigartige Möglichkeit‘ gehabt, durch seine Standhaftigkeit große Erschütterungen hervorzurufen, habe aber die Chance vertan, die Wissenschaftler der Zukunft durch sein Beispiel auf das Wohl der Menschheit zu verpflichten, dann spricht er gar nicht mehr aus der begrenzten Perspektive der Handlung. Er ist vielmehr in diesem Augenblick der ‚objektive‘, distanzierte Betrachter, der das Verhalten der Bühnenfigur der ersten 13 Bilder aus der Perspektive der geschichtlichen Bedeutung dieses Verhaltens beurteilt und verurteilt.

Exemplarische Bewertung durch gebrochene Figurenperspektive Galileis

Ideologiekritik und Historisierung

Geschichtsdrama vs. Parabelstück

‚Leben des Galilei' ist das einzige große Brecht-Drama der Exil-Zeit, das einen historischen Stoff verarbeitet. Brecht notiert dazu: „so ist der ‚GALILEI' in meiner produktion immerhin interessant als gegenbeispiel zu den parabeln. dort werden ideen verkörpert, hier eine materie gewisser ideen entbunden." (AJ 30. 7. 1945) Brecht meint hier wohl: Beim Parabelstück, der zentralen Gattung des epischen Theaters, ist die Handlung nur ein Gleichnis für die gesellschaftliche Wirklichkeit, das als Erkenntnismodell der Wirklichkeit dient; die Handlung kann also schon von dieser Erkenntnisfunktion her vom Stückeschreiber konzipiert werden. Bei einem historischen Drama muß der Autor jedoch von der Handlung, die ja durch die reale Geschichte gleichsam schon vorgeprägt ist, ausgehen und dieser Geschichte bedeutsame Erkenntnisse abgewinnen. Im vollen Sinn des Wortes kann so das Geschichtsdrama die Ereignisse gar nicht als veränderbare zeigen, denn als reale historische Ereignisse sind sie nicht mehr zu ändern; verändern kann das Drama zuallererst den Blick des Zuschauers auf die Geschichte. Bekannte Ereignisse der Geschichte können durch das Drama neu gedeutet, damit überkommene Vorstellungen von historischen Ereignissen kritisiert, als falsches Bewußtsein (= Ideologie) entlarvt werden. Diese Aufgabe leistet ‚Leben des Galilei' sicherlich. Das Stück zeigt, einer materialistischen Geschichtsdeutung folgend, daß der Konflikt Galileis mit der Kurie in Wahrheit kein wissenschaftlich-theologischer Streit, sondern ein Kampf zwischen reaktionären und fortschrittlichen gesellschaftlichen Kräften war.

Verhältnis von Handlung und Erkenntnis

‚Leben des Galilei' als Geschichtsdrama: Ideologiekritische Funktion

Neubewertung der historischen Figur

Auf dem Hintergrund dieses Geschichtsverständnisses fordert das Stück aber auch zu einer kritischen Neubewertung der historischen Figur Galileis heraus. Diese Bewertung, wie sie der Bühnen-Galilei im 14. Bild exemplarisch vorführt, geschieht im Hinblick auf die Entwicklung der weiteren Geschichte, die als Folge der historischen Galilei-Ereignisse verstanden wird. Wenn der Galilei Brechts im 14. Bild sagt:

> „Die Kluft zwischen euch [den Wissenschaftlern] und ihr [der Menschheit] kann eines Tages so groß werden, daß euer Jubelschrei über irgendeine neue Errungenschaft von einem universalen Entsetzensschrei beantwortet werden könnte." (S. 125 f.)

dann mag sich der Zuschauer des 20. Jahrhunderts mit Recht an das Entsetzen erinnert fühlen, das die Menschen beim Gedanken an die Zerstörungskraft der Kernenergie befallen kann. Eine Bewertung des historischen Galilei unter diesem Blickwinkel wäre ein historisierendes Verständnis; es würde Galileis Verhalten als Sündenfall der Naturwissenschaft erscheinen lassen, dessen fatale Konsequenzen wir heute erleben.

Ansätze zum Parabelstück in ‚Leben des Galilei'

Nun kann nach Brechts Verständnis ‚Historisieren' im engeren Sinne nur verfremdende Darstellung der gegenwärtigen Gesellschaft und ihrer Entwicklungsmöglichkeiten auf dem Theater meinen. Hierzu müßte die Bühne Ereignisse im Lichte einer positiven Utopie vor Augen führen, wodurch die Veränderbarkeit gegenwärtiger gesellschaftlicher Verhältnisse erkannt werden könnte. Eine solche positive Utopie findet sich auch in ‚Leben des Galilei', nicht nur in Galileis Rede über die neue Zeit (1. Bild), sondern auch noch, wenn auch verhaltener, im 15. Bild, wo Andrea am Schluß den Blick in die Zukunft wendet und sagt: „Wir wissen bei weitem nicht genug. Wir stehen wirklich erst am Beginn." (S. 131) Hierdurch gewinnt ‚Leben des Galilei' auch gewisse Züge eines Parabelstücks. Das Stück würde dann nicht nur die Lebensgeschichte Galileis als den historischen Sündenfall der Naturwissenschaften zur Darstellung bringen; es würde auch mit der ‚Galilei-Geschichte' gleichnishaft die Frage nach dem Verhalten von Wissenschaftlern heute zur Diskussion stellen.

Rezeption und Deutung

Theaterkritiken

Liest man die Theaterkritiken zu den Erstaufführungen des Stücks in Köln (1955) und Ost-Berlin (1957), muß es fraglich bleiben, ob die negative Darstellung Galileis in der 3. Fassung die Zuschauer dieser Aufführungen überhaupt erreicht hat. Über die Kölner Aufführung schreibt der Kritiker Friedrich Luft am 19. 4. 1955 in der ‚Welt':

Kölner Erstaufführung 1955

> „In der recht gebrechlichen Darstellung war die Kraft dieses Stückes nicht immer zu schmecken. Es hätte Erschütterung auslösen müssen. So wurde es ein Achtungserfolg. (. . .)
> Galilei muß sich gegen sein besseres Wissen unterwerfen. Das Genie muß sich krümmen, um durch seine Größe nicht zu provozieren. Doch Galilei ist listig genug, seine Erkenntnisse heimlich weiterzugeben und vorsorglich auf Eis zu legen, bis der Zeitgeist selber nachrückt und das, was gestern als Lästerung galt, morgen als Wahrheit anerkennen wird. (. . .)
> Wie Brecht das nun darstellt, wie er den aufrührerischen Stoff zuerst in eine volkstümliche Heiterkeit lagert, wie er die Figur seines Helden keineswegs heldisch verpackt, sondern lebenslustig, verschlagen, hinterlistig, neugierig und zuweilen in seinen Mitteln geradezu unfein sein läßt, das gibt sofort ein menschliches Klima." (. . .)
> „Die Unterwerfung unter die Inquisition, scheinbar schon absolut, wird durch die pfiffige Rückversicherung auf die Nachwelt dann so klug aufgehoben, daß am Ende fast so etwas wie ein Pathos der Größe aufkommt."
> (Brecht in der Kritik, S. 240 f.)

Daß dieser Eindruck nicht nur auf Kosten der Inszenierung gehen kann, wird klar, wenn derselbe Kritiker zu der sicher das historische Versagen Galileis schärfer herausarbeitenden Berliner Erstaufführung, deren Inszenierung noch von Brecht selbst begonnen wurde, schreibt

Ost-Berliner Erstaufführung 1957

„Er [Galilei] reicht die Wahrheit weiter, auch wenn er es in der Heimlichkeit tun muß. Galilei ist am Ende gebrochen, aber er ist siegreich. Man hat ihm die Sprache verboten. Seine Gedanken reden lauter als er."
(a. a. O., S. 242)

Schon an dieser Theaterkritik wird deutlich, daß die Auseinandersetzung mit dem Stück und seinem Autor in der literarischen Öffentlichkeit der Bundesrepublik in den 50er und 60er Jahren geprägt ist von der politischen Frontstellung beider deutscher Staaten. So schreibt Luft anläßlich der Kölner Aufführung:

„Das Schicksal dieses bedeutenden Stückes eines der bedeutendsten Dramatiker unserer Sprache ist in sich so etwas wie eine Tragödie oder am Ende sogar wie eine Tragikomödie geworden: Brecht schrieb den Galilei vor zwanzig Jahren in der Emigration. Damals war dieses Lehrspiel von den Listen, die das Genie anwenden muß, um in Zeiten der Bevormundung Gedankenfreiheit zu ertrotzen, nicht spielbar. Es ist heute in Ostdeutschland, wo der Dichter nunmehr domiziliert, ebenfalls nicht aufführbar: der pfiffige und auf seine verschlagene Weise aufrührerische Text müßte dort wie ein Fanal wirken." (a. a. O., S. 239)

Stellungnahmen der Literaturwissenschaft

Die literaturwissenschaftliche Forschung dieser Jahre tut sich nicht selten schwer darin, die Bedeutung des Dichters Brecht mit dem marxistischen ‚Ideologen' Brecht und seiner Parteinahme für den ‚SED-Staat' zu vereinbaren. Ein besonders prägnantes Beispiel für den Versuch, den Rang des Dichters Brecht mit Hilfe des Ideologen Brecht herabzusetzen, bildet das Galilei-Buch von G. Szczesny. Der Autor sucht die historische Unhaltbarkeit der 3. Fassung des Stücks nachzuweisen:

„Die Tatsache, daß der wirkliche Galilei keineswegs ein Schwächling, Genüßling und Zyniker war ... macht das Stück zwar als Charakterstudie fragwürdig, wäre allein aber noch kein Grund, es als glaubwürdige Deutung des Falles Galilei, d. h. der weltgeschichtlichen Bedeutung seiner Entdeckungen und seines ‚Versagens' zu bezweifeln. Die eigentli-

che Fatalität des Brechtschen Galilei – wie Brecht selbst ihn gesehen haben möchte – liegt in dem ganz speziellen und sonderbaren Vorwurf, daß der große Forscher ein ‚sozialer Verbrecher' geworden sei. (...)
Welchen ‚sozialen Verrat' hat Galilei ... begangen (...)? Hätte er die Französiche Revolution vorwegnehmen oder gar ein kommunistisches Manifest verfassen sollen? Wenn man daran denkt, wie die abendländische Gesellschaft um 1600 aussah, kann man eine solche Vorstellung nur abwegig nennen. (...)
Trotz der Bauernaufstände und der gärenden Unzufriedenheit der städtischen Massen gab es gar keinen realen politischen Ansatz für die Entfesselung einer bürgerlichen, bäuerlichen oder gar proletarischen Revolution, die dem potentiellen Demokratismus des neuen astronomischen Weltbildes entsprochen hätte. (...)
Selbst wenn ein solcher revolutionärer Umschwung im Bereich des Möglichen gelegen hätte, gibt es kein Argument für die Forderung, daß ein wissenschaftliches Genie wie Galilei in jenem Jahrhundert und unter jenen Umständen zugleich ein politisches Genie, ja auch ein politisch engagierter Zeitgenosse hätte sein müssen. Die ‚Verbrecher'-Rolle Galileis kommt zustande, indem Brecht ihn in eine geschichtliche Situation stellt, die es zu Beginn des 17. Jahrhunderts in Italien nicht gab, und ihm Aufgaben zumutet, die für den historischen Galilei gar keine Aufgaben sein konnten." (...) „Wenn man die Wandlung verfolgt, die das ‚Leben des Galilei' von seiner Urfassung bis zur Berliner Inszenierung durchmacht, wird man also feststellen müssen, daß aus einer ursprünglich historisch getreuen und in sich selbst schlüssigen Darstellung ein von konfusen Thesen überlagertes und verwirrtes Stück wird."
(G. Szczesny, Bertolt Brecht, Leben des Galilei, Dichtung und Wirklichkeit, S. 60f.)

Kritik am ‚Ideologen' Brecht

„Insbesondere der ‚Galilei' zeigt den fatalen Einfluß, den der Ideologie-Zwang auf Art und Qualität des Brechtschen Werkes hatte, weil die Urfassung des Stückes den Punkt im Schaffen Brechts markiert, an dem er am wenigsten Theoretiker und am stärksten nur Dramatiker war. Aus einem zunächst differenzierten historischen Charakterstück versuchte Brecht schließlich, wieder simplifiziertes Polit-

Theater zu machen. Das gelingt glücklicherweise nur sehr unvollständig ..." (a. a. O., S. 75)

Daß der Autor Brecht dann jedoch nahezu als psychologisch-klinischen Fall behandelt, wodurch die Darstellung Galileis in der 3. Fassung zur Freudschen Fehlleistung wird, kann wohl nur als Geschmacklosigkeit betrachtet werden.
Differenzierter liest sich die Kritik von G. Sautermeister:

Galilei als Beispiel für gesellschaftliche Ohnmacht des Subjekts

„Der dramatische Vorgang ... verschafft dem Glauben Galileis an die Durchsetzungskraft der Vernunft immer wieder Nahrung, um ihn desto kräftiger zu desillusionieren. Der Staat (in Gestalt des großherzoglichen Hofes von Florenz) und quasi-staatliche Instanzen (in Gestalt der Kirche) triumphieren über die vernunftgeleiteten Absichten und Ziele des einzelnen Individuums. Daß dieses objektiven gesellschaftlichen Kräften unterliegt, entspricht ja auch der Betrachtungsweise des dialektischen Materialismus, die Brecht zu fördern strebte. Ist der mit dem Scheiterhaufen der Inquisition konfrontierte und davor zu Kreuze kriechende Galilei nicht ein schlagendes, einprägsames Exempel für die Ohnmacht des Subjekts in unfreien, unvernünftigen gesellschaftlichen Verhältnissen? ‚Todesfurcht', erklärt Andrea, ‚ist menschlich!' (124) Es besteht kein Anlaß, an dem Satz zu zweifeln. Indem die Inquisition diese Furcht in Galilei zu erwecken und ihn zum Widerruf zu bewegen versteht, verleiht sie struktureller Gewalt eine leibhaftige Evidenz. Gegen diese anschauliche Demonstration des Dramatikers Brecht opponiert jedoch der Ideologe Brecht. Er stellt den dramatischen Vorgang auf den Kopf, indem er zu böser Letzt seiner Hauptfigur eine prinzipielle Selbstverklagung aufzwingt, so, als hätte es in Galileis Macht gestanden, den Geschichtsprozeß umzukehren und die staatskluge Gegenaufklärung aus den Angeln zu heben. (...)
Man erweist seinem Drama, das überall Zweifel sät und zum Zweifeln ermutigt wie sonst kaum eines in der deutschen Literaturgeschichte, vielleicht dadurch am meisten Ehre, daß man ... seine ideologische Schlußpointe kritisch überprüft."
(G. Sautermeister, Zweifelskunst, abgebrochene Dialektik, blinde Stellen: Leben des Galilei ⟨3. Fassung, 1955⟩, in: Brechts Dramen, Neue Interpretationen, Stuttgart 1984, S. 125–161, hier S. 136 f.)

Die Brecht-Literatur der DDR mühte sich mit der Beurteilung der Rolle des ‚Historischen' in diesem ‚historischen Drama'. W. Mittenzwei sucht die 3. Fassung als ‚materialistisches Geschichtsdrama' zu interpretieren.

Interpretation als materialistisches Geschichtsdrama

„Eine wirklich historische Darstellung, die die Klasseninteressen und die Konstellation der Klassenkräfte aufdeckt, wird bei einem entsprechenden Gegenstand auch immer eine Behandlung bestimmter Probleme der Gegenwart ermöglichen. (...) Je enger sich der Autor dabei an die Geschichte hält, desto mehr wird es ihm gelingen, wie Marx sagt, ‚die modernsten Ideen' der Zeit zum Ausdruck zu bringen. Gerade Brechts Galilei ist dafür ein anschauliches Beispiel. Es kam ihm anfangs darauf an zu zeigen, daß die Wahrheit in den Zeiten der Unterdrückung mit List verbreitet werden muß. Die Parallele zur Hitlerdiktatur war ganz deutlich. Von diesem Aspekt aus betrachtete Brecht zunächst auch den Widerruf Galileis. Je gründlicher er aber bewußt historisch gestaltete, desto mehr ging er von der anfänglichen Vorstellung ab, in dem Widerruf Galileis nur eine List zu sehen. Damit erfaßte er die historische Wahrheit des Stoffes tief und allseitig, zugleich aber gewannen auch die Probleme der Gegenwart deutlichere Konturen. Diese konsequent historische Gestaltungsweise hob die aktuellen Gedanken des Stückes erst richtig in den Mittelpunkt. Gleichzeitig aber bewahrte sie Brecht davor, daß das Werk einen Parabelcharakter annahm ..."
(W. Mittenzwei, Gestaltungsprobleme des sozialistischen Realismus in ‚Leben des Galilei', in: Brechts „Leben des Galilei", suhrkamp taschenbuch materialien, S. 206 f.)

Wort- und Sacherklärungen

S. 8 *Astrolab:* von den Arabern erfundenes Gerät zur Berechnung von Gestirnbahnen in Gestalt eines Himmelsmodells.
kristallne Sphären: durchsichtige, ‚kristallne' Himmelskugeln, auf deren Oberfläche – nach der Kosmologie des Aristoteles – die Himmelskörpers sich um die Erde drehen sollten.

S. 9 *Disput:* wissenschaftliches, mit Argumenten ausgetragenes Streitgespräch.

S. 11 *Kippernikus:* eigentlich Koppernikus, Nikolaus (1473–1543). K., Domherr zu Frauenburg (Ermland), hatte in Bologna, Padua und Ferrara juristische und naturwissenschaftliche Studien betrieben und dann in jahrzehntelanger Arbeit ein heliozentrisches Weltmodell mit der Sonne als Mittelpunkt entworfen. Seine Theorie wurde jedoch erst in seinem Todesjahr veröffentlicht.

S. 13 *Fakt:* (nachprüfbare) Tatsache.

S. 14 *Campagna:* fruchtbare Ackerbaulandschaft in der Nähe Roms.
Skudo (pl. Skudi): Escudo, ursprünglich spanische Goldmünze, die in weiten Teilen Europas als Zahlungsmittel verbreitet war.

S. 16 *Kurator:* Leiter der Universitätsverwaltung.

S. 17 *Cremonini,* Cesare: Professor der Philosophie in Padua und zeitweiliger Freund Galileis. C., selber überzeugter Anhänger der Philosophie des Aristoteles, wurde von der Inquisition als Ketzer angeklagt, von Venedig jedoch nicht an Rom ausgeliefert.
Bruno, Giordano: italienischer Philosoph (1548–1600). B., ehemaliger Dominikanermönch, entwarf auf der Grundlage der Kopernikanischen Lehre ein spekulatives Weltbild, das die raumzeitliche Existenz Gottes im Kosmos in Frage stellte (Pantheismus). Er wurde 1592 von Venedig an die Inquisition ausgeliefert und 1600 verbrannt.

S. 19 *Aristoteles:* antiker Philosoph (384–322 v. Chr.) Seine Naturphilosophie wurde im christlichen Mittelalter (Scholastik) zur herrschenden Lehrmeinung.

S. 19 *Proportionalzirkel:* auch ‚geometrischer und militärischer' Kompaß, eine Art frühe Rechenmaschine, bestehend aus einem rechtwinkligen Metallzirkel, auf dessen Schenkeln zahlreiche Skalen aufgetragen waren, mit deren Hilfe sich vielfältige mathematische Operationen durchführen ließen.

S. 20 *Arsenal:* die staatlichen Schiffswerften und Waffenschmieden der Republik Venedig.

„Ihr verbindet dem Ochsen ...“: Anspielung auf 5. Buch Moses, 25, 4 „Du sollst dem Ochsen, der da drischt, nicht das Maul verbinden.“

S. 22 *Campanile:* freistehender Glockenturm.
„Gracia dei“: Gnade Gottes.

S. 23 „Hohe *Signoria*“: Rat der Stadtrepublik Venedig.

S. 25 *Doge:* auf Lebenszeit gewähltes Staatsoberhaupt Venedigs.

S. 31 „Vier *Klafter* Brennholz“: Raummaß für Holz. ca. 3 m^3.

S. 37 *Mediceischen Gestirne:* Jupitermonde, die Galilei den *Medici,* der regierenden Familie im Großherzogtum Toskana, widmete.

S. 43 *Miasmen:* von gr. miasma „Befleckung“, nach mittelalterlicher Auffassung Bodenausdünstungen als Ursache von Seuchen.

S. 45 *applizieren:* anwenden.
„Aristoteles din. universum ...“: Das Weltall des göttlichen Aristoteles.

S. 46 *celestialer Globus:* Himmelskugel.
Phänomen: das Ding, wie es erscheint = durch Beobachtung bewahrheiteter Sachverhalt.

S. 50 *Päpstliches Collegium:* die vom Jesuitenorden getragene päpstliche Universität.

S. 53 *Englischer Gruß:* Ave Maria, Gruß des Engels an Maria, dtsch. „Gegrüßet seist Du, Maria ...“

S. 56 *Ursulinerinnen:* Anfang des 16. Jahrhunderts gegründete Frauengemeinschaft, die sich der Fürsorge und Erziehung von Mädchen widmete (später Schulorden).

S. 58 „ein *Schusser* in der Gosse“: mundartlich für Murmel.
„Sancta simplicitas“: heilige Einfalt.

S. 59 *Tycho Brahe:* dänischer Astronom (1546–1601), Entdecker der ‚Nova cassiopeia‘ (1572). B. war der erste exakt beobachtende Astronom; er entwickelte ein ‚Weltbild‘, das von Ptolemäus und Kopernikus abwich und lange Zeit in Kirchenkreisen als offizielle Lehre galt: alle Planeten sollten sich um die Sonne drehen, die Sonne selber jedoch um die Erde.

S. 60 *„Principiis obsta“:* widersteh den Anfängen!

S. 64 *Index:* Liste der aus religiösen Gründen verbotenen Bücher.

S. 65 *Lorenzo de Medici:* (1449–1492) Florentiner Bankier, Kunstförderer und Dichter. L., theoretisch nur einer unter vielen Ratsherren, war praktisch unbestrittener politischer Führer der Republik Florenz; seine Nachfahren erhielten 1530 den Fürstentitel.

S. 69 *Heiliges Offizium:* päpstliche Theologenkommission in Fragen des Glaubens.

S. 73 *„Sonne steh still ...“:* Zitat aus Josua 10, 12.

S. 77 *Barberini,* Maffeo: Kardinal, später Papst Urban VIII. (1623–44).

Als Papst Vertreter des weltlichen Machtanspruchs des Papsttums (Intervention gegen Habsburg im 30jährigen Krieg), Fertigstellung des Petersdoms während seiner Amtszeit.
Bellarmin, Roberto: Kardinal (1542–1621), Jesuit und Rektor des Collegium Romanum.
Cellini-Uhr: Uhr aus der Werkstatt des berühmten Goldschmieds Benvenuto Cellini (1500–1571).

S. 78 *Priap:* antiker Fruchtbarkeitsgott.
Horaz: altrömischer Dichter (65–8 v. Chr.).
Esquilinische Gärten: Gärten auf dem Esquilin, einem der sieben Hügel Roms.

S. 80 *Schaff:* großes offenes Holzgefäß.

S. 82 *Aszendent:* (in der Astrologie) Aufgangspunkt eines Gestirns.

S. 83 *Fabrizius,* Johann: niederländischer Theologe und Astronom, entdeckte 1610 die Sonnenflecken.

S. 95 *Ordo ordinum:* (Ordnung der Ordnungen) = Große Ordnung.
regula aeternis: (die ewige Regel) = Regel der Regeln. Bezeichnungen für das theologisch begründete Weltbild des Mittelalters.

S. 95 *creatio dei:* Schöpfung Gottes.

S. 98 *Blache:* Zeltplane.

S. 100 *Homer:* altgriechischer Dichter (8. Jahrhundert v. Chr.); legendärer Verfasser der ‚Ilias' und ‚Odyssee'.
Manufaktur: frühe Form der Industrie.
mechanischer Kultivator: mechanisch verbessertes Ackergerät.
„regelmäßig erscheinende Zeitungen": Anfang des 17. Jahrhunderts bestanden (fehlendes Informationssystem, staatliche Zensur) noch kaum Zeitungen in unserem Sinne.

S. 103 *Dialoge über die beiden größten Weltsysteme:* Schrift Galileis, erschienen 1632.

S. 107 *Idiom:* Sprechweise von Menschen einer bestimmten Region (Dialekt) oder gesellschaftlichen Gruppe (Soziolekt).
Versailles: Bezeichnung für den französischen Hof, der allerdings erst unter Ludwig XIV. Ende des 17. Jahrhunderts nach Versailles verlagert wurde.

S. 110 *„hieme et aestate ...":* im Winter und Sommer, und nah und fern, solange ich lebe und noch darüber hinaus.

S. 117 *sintemalen:* veraltete, deshalb parodistisch wirkende Form von ‚da, weil'.
„unnachahmliche Imitatio": Anspielung auf das Buch ‚de imitatione Christi' (Die Nachfolge Christi) des Thomas von Kempen (1379–1471).

S. 119 *Hydraulik:* Technik, die auf der Lehre von den ruhenden und bewegten Flüssigkeiten beruht.

Descartes, René (1596–1650): französischer Philosoph und Mathematiker. D. gilt mit seiner Forderung nach methodischer Strenge und rationaler, d. i. vernünftiger Begründung aller Erkenntnisse als ‚Vater' des modernen wissenschaftlichen Denkens.

S. 120 *„Man gestattet nicht ...":* Anspielung auf das lat. Sprichwort ‚Quod licet Jovi, non licet bovi' = ‚Was Jupiter erlaubt ist, ist nicht erlaubt dem Ochsen'.

S. 121 *„pochend auf sein Pfund Fleisch ...":* Anspielung auf Shakespeares Komödie ‚Der Kaufmann von Venedig'. Der Kaufmann Antonio muß dort dem Shylock als Bürgschaft ein Pfund seines Fleisches verpfänden.

S. 124 *„Die Große Babylonische, das ...":* Anspielung auf die große babylonische Hure, die im Zweistromland, aber auch im jüdischen Palästina als Göttin der Fruchtbarkeit verehrte Astarte oder Ischtar.

S. 125 *Machinationen:* Machenschaften.

S. 126 *„hippokratischer Eid der Ärzte":* Hippokrates, ein Arzt der Antike (460–ca. 377 v. Chr.) gilt nicht nur als Begründer der wissenschaftlichen Heilkunde, sondern auch als Urheber einer ärztlichen Standesmoral, die das Tun des Arztes allein auf das Wohl seines Patienten verpflichten will.

Bibliographische Hinweise

Texte und Materialien

Bertolt Brecht, Leben des Galilei, edition suhrkamp 1, Frankfurt a. M. 1963

Bertolt Brecht, Gesammelte Werke in 20 Bänden, Suhrkamp Verlag, Frankfurt a. M. 1967 (Im Text zitiert mit GW)

Materialien zu Brechts ‚Leben des Galilei', edition suhrkamp 44, Frankfurt a. M. 1963

Literatur

Boas, Marie, Die Renaissance der Naturwissenschaften 1450–1630. Das Zeitalter des Kopernikus, Gütersloh 1965

Buck, Theo (Hrsg.), Zu Bertolt Brecht. Parabel und episches Theater, Stuttgart 1979

Charbon, Rémy, Die Naturwissenschaften im modernen deutschen Drama, Zürich, München 1974

Fölsing, Albrecht, Galileo Galilei. Prozeß ohne Ende, Eine Biographie, München 1983

Hinck, Walter, Die Dramaturgie des späten Brecht, Göttingen 1971

Hinderer, W. (Hrsg.), Brechts Dramen, Neue Interpretationen, Stuttgart 1984

Jendreiek, Helmut, Bertolt Brecht, Drama der Veränderung, Düsseldorf 1969

Müller, Klaus-Detlef, Die Funktion der Geschichte im Werk Bertolt Brechts. Studien zum Verhältnis von Marxismus und Ästhetik, Tübingen 1967

Schumacher, Ernst, Bertolt Brechts „Leben des Galilei" und andere Stücke, Berlin 1965